中村元

現代語訳　大乗仏典●1

般若経典

東京書籍

仏頭を手にする著者／1992年 撮影：丸山 勇

はしがき

人生に関する指針を仏教に得ようとしても、仏教の経典を、すべてにわたり片端から通読することは容易ではないから、重要な教えだけでも知りたいという希望をよく耳にする。

こういう求めに答えるものとして、かつてわたくしは、NHKのテレビで「インドの思想と文化」という連続講義を、またラジオで「こころを読む――仏典」という連続講義を行い、そのほかにも仏典についての対談などをしたことがある。それらを中心に綜合して、歴史的また体系的に一貫したものにまとめたのが、一九八七年に東京書籍株式会社より刊行した『こころを読む』のシリーズである。これは、以下の七冊から構成されていた。

①原始仏典Ⅰ　釈尊の生涯／②原始仏典Ⅱ　人生の指針／③大乗仏典Ⅰ　初期の大乗経典／④大乗仏典Ⅱ　法華経／⑤大乗仏典Ⅲ　浄土経典／⑥大乗仏典Ⅳ　発展期の大乗経典／⑦大乗仏典Ⅴ　完成期の大乗仏典

①と②とは、いずれもパーリ語の古典から邦訳したテクストにもとづいた、いわゆる原始仏教の思想を伝えているものである。③以下は大乗仏典の解説であり、昔から日本で重んじられている経典の紹介が主である。

このシリーズも版を重ね、大方の読者に受け入れられてきたようであるが、わたくしは、その後、折に触れ加筆を行い、また本シリーズ以外ですでに出版した大乗仏典の現代語訳についても、訂正を加えてきた。その際に、諸般の事情から割愛を余儀なくされたものも少なからずある。

そこでこの度、この大乗仏典の巻をベースに、新たな資料を加えて大幅な改訂を行い、構成も一新し、巻末には、より専門的な知識を得ようとする読者の参考となるよう、それぞれに必要な資料を加えて刊行することにした。いわば大乗仏典についての完成版とでもいうべきものである。その内容は次のとおりである。

①大乗仏典1　般若経典（『般若心経』『金剛般若経』『八千頌般若経』）
②大乗仏典2　『法華経』
③大乗仏典3　『維摩経』『勝鬘経』
④大乗仏典4　浄土経典（『阿弥陀経』『大無量寿経』『観無量寿経』）
⑤大乗仏典5　『華厳経』『楞伽経』
⑥大乗仏典6　密教経典他（『金光明経』『理趣経』『大日経』）
⑦大乗仏典7　論書他（『中論』『唯識三十頌』『菩提行経』）

これらの大乗仏典は漢文で読誦されていたものであるが、それらを正当に評価するためには必ずしも古来の解釈に従わず、サンスクリット語の原典の相当箇所を邦訳して対照検討してみた。それによって意義内容も解りやすくなったと思う。

漢文の書き下しについては、古来の伝統的な訓点を尊重したが、そのほかにフランスの中国学者の漢文読解法を適宜参照して生かした。彼らのやり方は、漢文の意味内容を合理的に明快に伝えることができるからである。いわゆる漢文の書き下しなるものが朦朧《もうろう》としているという点は、十分に反省すべきであろう。

また、これらの書に現れる難しい漢語についてはひととおり説明をつけておいたつもりである。一般向けの出版物にこまかな語義検討をつけるのは不必要のように思われるかもしれないが、わかりやすく説くためには、これだけの準備が必要である。一般に、わかりやすく説くのが通俗的で、わけのわからないようなしかたで説くのが学術的であるかのように思われているが、これはまちがいで、わかりやすく説くのが学術的で、あいまいなままにしておくのは非学術的であろう。

仏典全体の尨大《ぼうだい》な量を考えるとき、これだけでは単にざっと、とびとびに撫でたというだけにすぎないが、しかし読者がこれらを全部読まれたならば、日本で重んじられているインドの重要な仏典について、わずかなりとも、ほぼ一貫した知識が得られるであろうし、また一部分を読まれたならば、それなりに部分的な理解を得られるであろうことを希望する。

中村　元

＊本書にある㊅は、『大正新脩大蔵経』を表す。

現代語訳　大乗仏典1

般若経典

目次

探究

装幀＊東京書籍AD　金子裕

第1章　大乗仏教の興起

カニシカ王の時代

西暦紀元前には、ミリンダ王のようなギリシア人が、インドを支配していました。ギリシア人のインド支配は、おおざっぱにみて二百年ぐらいつづきました。その後、ギリシア人の勢力が弱まったすきに、サカ族が入ってきました。サカ族は、漢文の歴史書では「塞種」と書かれていますが、スキタイ人と同じだといわれています。つづいて、西暦前一世紀の終わりに、パルチア族が西の方から入ってきて、それから次々と異民族が北西インドへ侵入してきました。最後にやってきたのがクシャーナ族です。クシャーナ族は、中国では月氏《げっし》といわれていましたが、匈奴《きょうど》に押されて西方へ逃げ、それにつれて中央アジアに民族の移動がおこりました。その流れが、インドに入ってきたわけです。

月氏がもともとどういう人種であったかは、学界でいろいろ論議があり、トルコ系であるという説もありますが、近年ではイラン系であったらしいという説が有力になっています。初めはクジューラ・カドフィセースとか、ウェーマ・カドフィセースというような王さまが、ヒンドゥークシュ山脈を越えて入ってきました。そして二世紀になって、カニシカ王が入ってきました。

カニシカ王は、インダス河の上流からガンジス河の上・中流、ベナレスのサールナートの近くまで支配したということが知られていて、インドの歴史ではひじょうに重要な人物です。カニシカ王は、アショーカ王（前三世紀）にならって、仏教を積極的に保護しました。

インドのマトゥラーで発見された、カニシカ王のトルソーがあります。残念ながら上の方は欠けていますが、厚手の衣装をまとっています。外套のようなものを着ているし、内側の衣も厚い印象を与えます。これはインド的ではありません。マトゥラーでは、こんなかっこうをしていては暑すぎるでしょう。

これはたぶん、儀式のときに、中央アジア以来の伝統的な衣装を着けて、王者の威厳をたもってみせたのでしょう。刀や笏《しゃく》なども持っています。

このカニシカ王の時代が、クシャーナ王朝の最盛期でした。もともとクシャーナ族は、文化的には低かったのですが、インドに入ってカニシカ王の時代になってから、ひじょうに国際的な活動を示すようになり、それにつれて文化も発達していきました。

西方ローマとの交流

カニシカ王の時代に中国やローマと交渉のあったことは知られていますが、ことに西方のローマと交易がさかんでした。

当時は食料などを運ぶことはできませんでしたが、宝石とか、コショウのような香辛料をローマに運びました。ローマでは、原価の百倍の値段で売ったといいます。もちろん、道中の危険なども加味しての値段だったのでしょうが、それでローマの金は、どんどんインドに流れていきました。

ローマの元老たちがこれを憂えて、「ローマ人よ、奢侈になるな、おまえたちが贅沢だから、毎年莫大な金がインドに流れていくのだ」と戒めたほどです。これはプリニウスの『博物誌』に書かれています。

実際、インドの長い歴史を通じて、クシャーナ王朝の金貨がいちばん良質です。純度の高い金を使っています。それ以前のインドでは、銀貨はよく使っていましたが、金貨はほとんどありませんでした。

クシャーナ王朝では、入ってきた金貨を鋳《い》つぶして独自の金貨をつくりました。しかし南インドでは、ローマの金貨をそのまま使ったので、南インドの港町などの遺跡を発掘すると、ローマの金貨が出てきたりします。二千年経った今でも、少しも錆びず燦然《さんぜん》と輝いています。古来、人間が金を欲しがるのもわけがあると思います。

北の方のクシャーナ王朝では、それを鋳つぶしましたが、おもしろいことに、そうやってつくった金貨の重さが、ローマ金貨と同じなのです。いかに交易がさかんであったかがわかるでしょう。さらに名称もまねしました。ローマの金貨の単位がデナリウスで、インドの金貨はディーナーラスです。

こうして経済的な基盤が確立し、その上に文化の華が咲きました。ガンダーラ美術が栄えました。数学が発達しました。ゼロの観念を発見したのはインド人だといわれていますが、その数学において、大きな体系ができあがりました。

医学も発達しました。ことにカニシカ王の侍医であったチャラカという人は有名で、かれの名を冠した大きな医学書が残っています。もっとも、本としてまとまったのは何百年かあとでしょうが。かれ自身は内科医でありましたが、手術も行っていたようで、優秀な医者でした。

また論理学もさかんで、チャラカの書物の中に、医者の修得すべき教養の一つとして論理学があげられています。そして、論理学の規定が細かく出ています。

王の尊称

学術の交流ということも、ひじょうに注目すべき重要なことでした。東西の文化がクシャーナ王朝に集まって交流したのです。このことを示す一つの例として、クシャーナ王朝の王さまは、帝王の称号として東西のあらゆる民族の王のよび方を用いていることがあげられます。

たとえば、「カニシカ王の〇〇年に、このお寺が建てられた」という意味の碑文を書く場合に、「シャーヒ、ムローダ、マハーラージャ、ラージャ・アティラージャ、デーヴァプトラ、カイサラであるカニシカ王の〇〇年に……」となるのです。

シャーヒは、月氏の伝統的なことばで王のこと。今日でも、インドとかネパールにシャーさんという人がいます。身分の高い偉い人です。ムローダというのは、以前にクシャーナの土地を支配していたサカ族のことばで、やはり首長、lord を意味しています。

マハーラージャは、マハーは「大きい」、ラージャは「王さま」のことです。近年にいたるまで、インドにはマハーラージャという殿さまが大勢いました。これはインドの呼称です。ラージャ・アティラージャは、アティラージャが「すぐれた王」という意味で、王さまの王、王のなかでもいちばん偉い人、つまりキング・オブ・キングズです。これはイランのよび方です。

デーヴァプトラというのは、デーヴァが神さまのことで、漢訳仏典では「天《てん》」と訳します。弁才天《べんざいてん》とか帝釈天《たいしゃくてん》とかいうときの「天」です。プトラというのは子供の意ですから、全体で天子という意味になります。つまり、中国の天子をインドのことばにあてたものです。インドと中国の関係は、文化的にはだいたいインドが影響を及ぼす一方通行なのですが、これはその逆の例です。

カイサラ、これはギリシア語のカイサル、ラテン語でいうカエサル、ドイツ語ではカイゼルという、帝王のことです。

つまり、国際的称号を一人占めにしているわけです。しかもそれを全部、名前の前につけて使用しているからおかしいのです。これを仮に現代ふうに置き換えてみると、「天皇であり、キングであり、ケーニヒ（König）であり、大統領であり、人民共和国国家主席であり、共産党書記長であるところのカニシカ王」ということになり、今の日本語に直すと滑稽な表現ですが、これをまともにやっていたのです。それくらいカニシカ王の権威は偉大であったということにもなりましょう。そのように四海を睥睨《へいげい》し、東西の文化をここに集めていたから、またそこから新しいものが出てきたし、帝王の権威も高められていったわけです。

しかし、それまでは、帝王があまり大きな権威を標榜《ひょうぼう》することはありませんでした。アショーカ王ですらひじょうに謙虚でした。ところが、この時代になると、神としての権威を要求するようになりました。そこで、イーシヴァラ（主宰神）という語を、帝王の称号として使うようになりました。

当時つくられた『マヌ法典』などを見ると、帝王は生きている神である、高御座《たかみくら》につけば、とたんに神聖になる、帝王は過《あやま》つことはない、神聖にして侵すべからず、というような表現があります。

仏教の西への広がり

宗教においても国際色豊かで、カニシカ王は、いろいろの宗教を認めて援助し、保護しました。この時代の貨幣に、諸宗教の神々の像が刻まれています。クシャーナ族はギリシア文化にたいする尊敬の念というかコンプレックスをもっていたようで、ギリシアの神々が多く登場します。また、ゾロアスター教の神、ヒンドゥー教の神々もいろいろ描かれています。ことに興味深いのは、仏像を描いている貨幣が二種類ほどあることです。

そのうちの一つを見ますと、ブッダといっしょにカニシカ王が描かれています。これは現在マトゥラー博物館にある前述のトルソーとそっくりで、槍のようなものを持っています。もう一つのほうは、祭壇に犠牲《いけにえ》を捧げているのだと学者は説明していますが、ブッダといっしょに、まったく非仏教的なものが描かれているわけです。

そして、インドのカローシュティー文字による刻銘のほかに、ギリシア文字で、"Shāonāno shāo Kaneshki Koshāno"（諸王の王であるクシャーナ族のカニシカ〔の貨幣〕）と書いてあります。ことばは自分たちの伝統的なことばですが、文字はギリシア文字です。かれらは自分たちの文字をもっていなかったのです。最初に触れた文字がギリシア文字だったので、それをインドにもち込んできたわけです。

貨幣の裏側には仏さまの立像が描かれ、後光、光背が見えます。この仏像の右肩にしるしが見えます。左の方には、ギリシア文字で"Boddo"と書かれています。ブッダのことです。ブッダ(Buddha)の「ウ」(u)は、向こうでは「オ」に近く発音します。カニシカ王は必ずしも仏教だけを信じていたのではなく、ただ当時、仏教がさかんだったので、たまたま貨幣の一つにそのような像を入れたにすぎないのですが、仏像にギリシア文字というとりあわせが、国際的でおもしろいと思います。

この時代の国際的な交流のなかで、仏教も少しずつ広がっていきました。文字ももたない民族が、交易で栄え、文化の華を咲かせて、仏教を広く伝えるようになったのです。

まず西アジアから中央アジアにかけて、広がっていきました。シルク・ロードで発見されたある仏像絵画を見ると、イラン人のようなかっこうをしていて、光背・後光があります。つまり仏像なのです。これは珍しいものですが、イラン人のなかにも仏教徒がいたということを示しています。

仏教はさらに西に伝わっていきました。思想的にも西洋世界に影響を与えたことが知られていますが、ここでは具象例として数珠《じゅず》をみてみましょう。

数珠は、インド起源のもので、もとはバラモンが用いていたのを、仏教徒も使うようになりました。珠《たま》が百八あるのは、インド人がそういうときに百八という数を尊ぶからで、仏教では百八煩悩《ぼんのう》に通じているわけです。日本にも仏教とともに伝わってきて、山伏なども使ったりしています。

西洋では、ロザリオになりました。古い時代に西洋には、こういう数珠はありませんでしたので、インドから伝わったものであることは確かなのですが、ではなぜロザリオという名前になったのか、その経過を、ドイツのアルブレヒト・ウェーバーという学者が明らかにしています。

ウェーバーによると、インドでは数珠のことをジャパマーラー（japa-mālā）といいました。ジャパが念じ唱えること、マーラーとは輪のことです。念誦の輪の意です。これをローマ人とかアラビア人、西の方の人が聞いたとき、はじめの部分を「ジャパー」と聞きました。音の長短の区別がはっきりしなかったわけです。ジャパーとなると、バラのことです。つまり、バラの輪と解され、ラテン語でロザリウム（rosārium）、ポルトガル語でロザリオ（rosario）、英語でローザリー（rosary）、ドイツ語でローゼンクランツ（Rosenkranz）ということばができたというわけです。

イスラーム教徒も数珠を用います。

つまり、インドを起源にして、東西に「数珠を使って念ずる」という習俗が及んでいったのです。数珠をつまぐりながら神の名をとなえるということは、もとはインドのバラモンたちの習俗ですが、それが大乗仏教に採用され、ついに東西の諸宗教で行われるようになったのです。なお、南方の上座部仏教では後世になってから数珠を用いるようになったと考えられます。また西洋では数珠を用いるのは、ギリシア正教、カトリック教までで、プロテスタントたちはこれを廃止してしまいました。

仏教教団への寄進

カニシカ王はいろいろな宗教を認めていたと述べましたが、その一つとして仏教も保護しました。伝説によると、かれは仏教聖典編纂のための第三結集を行ったとされ、阿羅漢と菩薩と普通の学者とが五百人ずつ集まったといわれますが、ともかくある種の聖典編纂が行われたことは事実であろうと思われます。そのほかにもカニシカ王は、仏教を保護することをいろいろやっていました。たとえば、高徳の仏教詩人アシュヴァゴーシャを招いて仏教の弘布に努めさせる一方、ストゥーパ（塔）を建てたり、寺院に寄進したりしています。ただかれが支援したのは、伝統的・保守的仏教（いわゆる小乗仏教）で、そのなかでも説一切有部《せついっさいうぶ》といわれるものでした。

南インドにあったアンドラ王朝やイクシヴァーク王朝などでは、おもに王室の妃や皇太后など、とくに女性を中心にした王室のメンバーが仏教に帰依し、いろいろと壮麗なものをつくって寄進しました。公に奉じていたのはバラモン教ですが、南方においては仏教は国教に準ずるほどさかんであったということができます。

仏教に帰依していた人々は王室の人々、藩侯、商工業者、資産家などで、ことにインドの西海岸の海外貿易商のなかには、ひじょうに熱心な信者がいました。インド人ばかりでなく、ヤヴァナとよばれる人々（これはもとはギリシア人のことでしたが、ほんとうにギリシア人だったかどうかはわかりません）、サカ人、パルチア人などが海外貿易に従事し、莫大な富を手に入れ、それを教団に寄進しました。

これらの人々は、寄進をすることによって功徳《くどく》を積むと考えていたのです。献納銘の中にも、亡くなった父母のために、また人々のために功徳を廻向する、と書かれています。

当時の仏教の一般的傾向をいいますと、次のようなことになります。王侯の援助を受けて、広い土地の寄進を受けます。それが荘園となります。また、当時の富豪がお金を寄進すると、そのお金を組合に貸し付けました。インドには利子禁止という思想はありませんから、組合に貸し付けて、その配当をもらうのです。今日でいう貸付信託ということです。そうなると、教団がそれ自体変わり、大地主であり大資本家となり、以前とはずいぶん違ってきてしまったのです。

以前は修行者は「樹下石上に坐す《じゅげせきじょうざ》」といって、樹の下や石の上に寝るような遍歴行者の生活でした。しかしこの時代になると、大寺院がつくられ、そこに住むようになりました。アジャンターやエローラなどのすばらしい石窟寺院もこのころのものです。石窟寺院といっても、洞窟を連想してはいけません。アジャンターの廊下を見ると、ひじょうに豪華なものです。入り口にも丹念な彫刻がほどこされ、中の広間にはストゥーパが石窟を掘ってつくられ、仏像が浮き彫りにされています。これはやはり、王侯・富豪のなかに信者がいて寄進したからでしょう。

大乗仏教のおこり

当時、社会的勢力をもっていた伝統的仏教のうちでも、とくに説一切有部という学派は、北インドから北部パキスタン、シルク・ロードにかけて、ひじょうな勢力をもっていました。これらの僧たちは、人里離れたところにつくられた前述のような立派な寺院に住んで、静かに瞑想、坐禅を行うとともに、煩瑣《はんさ》な教理研究に従事していました。今でもガンダーラ地方へ行くと、高い山の上に寺院が残っていて、仏教僧が住んでいます。

かれらの教義の学問をアビダルマ（Abhidharma 阿毘達磨）といいます。「アビ」とは何々にたいして、「ダルマ」とは（この場合は）理法＝教えという意味です。つまり、経典に説かれた論をいろいろ論議し、解説し考究する学問です。西洋でいうとスコラ哲学のことで、教義神学のようなものです。その成果のうちでいちばん大きなものが『阿《あ》毘《び》達磨《だつま》大毘婆《だいびば》沙論《しゃろん》』二百巻です。「毘婆沙」は注解という意味で、サンスクリット語のヴィバーシャー（vibhāṣā）を音写したものです。学者としては尸陀槃尼《しだはんに》や法勝《ほうしょう》、法救《ほっく》などが教義の綱要書を著しました。

このような生活をしていれば当然、かれらは民衆から遊離して、人々の悩みをともにするという態度からは遠くなります。民衆を見下す、独善的な傾向が出てきます。

そうすると、これでいいのか、これでは仏教のほんとうの精神が失われるのではないか、という反省や批判がおこります。そして、とくに説一切有部にたいする一種の宗教改革として、新しい精神をもった運動が、民衆のあいだから、ことに民衆に教化を及ぼした説教師のあいだから、新たにおこってきました。これが大乗仏教です。

大乗仏教は、「利他行《りたぎょう》」（他人のためになること）を行うことを強調しました。これは慈悲に基づくもので、人にたいして共感し、同情を示す心持ちから出ていました。民衆を救うことが一つの目的になったのです。

第2章 般若経典と空観

大乗仏教が現れたのは、だいたいカニシカ王（二世紀ごろ）を中心としたその前後の時代ですが、それから今日にいたるまで、仏教にはおおまかにいって、大乗仏教と伝統的・保守的仏教とがありました。

一口にいうと、北の方へは大乗仏教、南の方へは伝統的・保守的仏教が広がりました。しかし北の方へも伝統的仏教は広がっていましたし、南の方へもかつては大乗仏教が相当広まっていました。だいたい三一ページの地図のような区分になります。

"大きな乗り物"

大乗仏教にたいして伝統的・保守的仏教は一般に小乗仏教とよばれていますが、それは大乗仏教の側から投げつけた、貶《おと》しめたよび名です。だから従来の伝統的・保守的仏教のなかでは決してそうはいいません。自分たちが伝統的な正しい教えを伝えているといいます。南方アジアの人に向かって小乗仏教というと怒ります。

大乗仏教のサンスクリット原語はマハーヤーナ（Mahāyāna）で、「マハー」は大きな、「ヤーナ」は乗り物という意味です。大きな乗り物、つまり、多くの人々を乗せて彼岸《ひがん》へ連れていって救うことができる、また、その理想も崇高な大きなものである、ということです。これにたいして伝統的・保守的仏教はヒーナヤーナ（Hīnayāna）といって貶しめられたのですが、「ヒーナ」は捨てられた、あるいは遅れているという意味です。

しかし当時は、伝統的諸派のほうがひじょうなプライドをもち支配的で、新しくおこった大乗仏教は、かれらからは異端として無視されていました。

慈悲に基づく利他行

ここで、小乗仏教と比較しながら、大乗仏教の説明をしておきましょう。

まず第一に、伝統的・保守的仏教で伝えている聖典は古いもので、歴史的人物としての釈尊の教えに近いものを忠実に伝えています。これにたいし、大乗経典は新しい指導者たちが創作したものです。ここではブッダは歴史的存在というよりむしろ理想的・神話的存在として讃えられています。

第二に、旧来の保守的仏教は、国王、藩侯、資産家の後援を受け社会的な地歩を築いていました。これにたいし大乗仏教は民衆のあいだから盛り上がった運動であり、荘園をもたず、

「国王、大臣に近づくなかれ」（『法華経』に出ていることば）という確信をもって、信仰が純粋、清らかであることを誇っていたのです。また、金持ちの仏教徒が寺院を建てたり、ストゥーパを建設したりするよりも、むしろ経典の文句を唱え、書き写すことのほうがはるかに功徳が多いといっています。

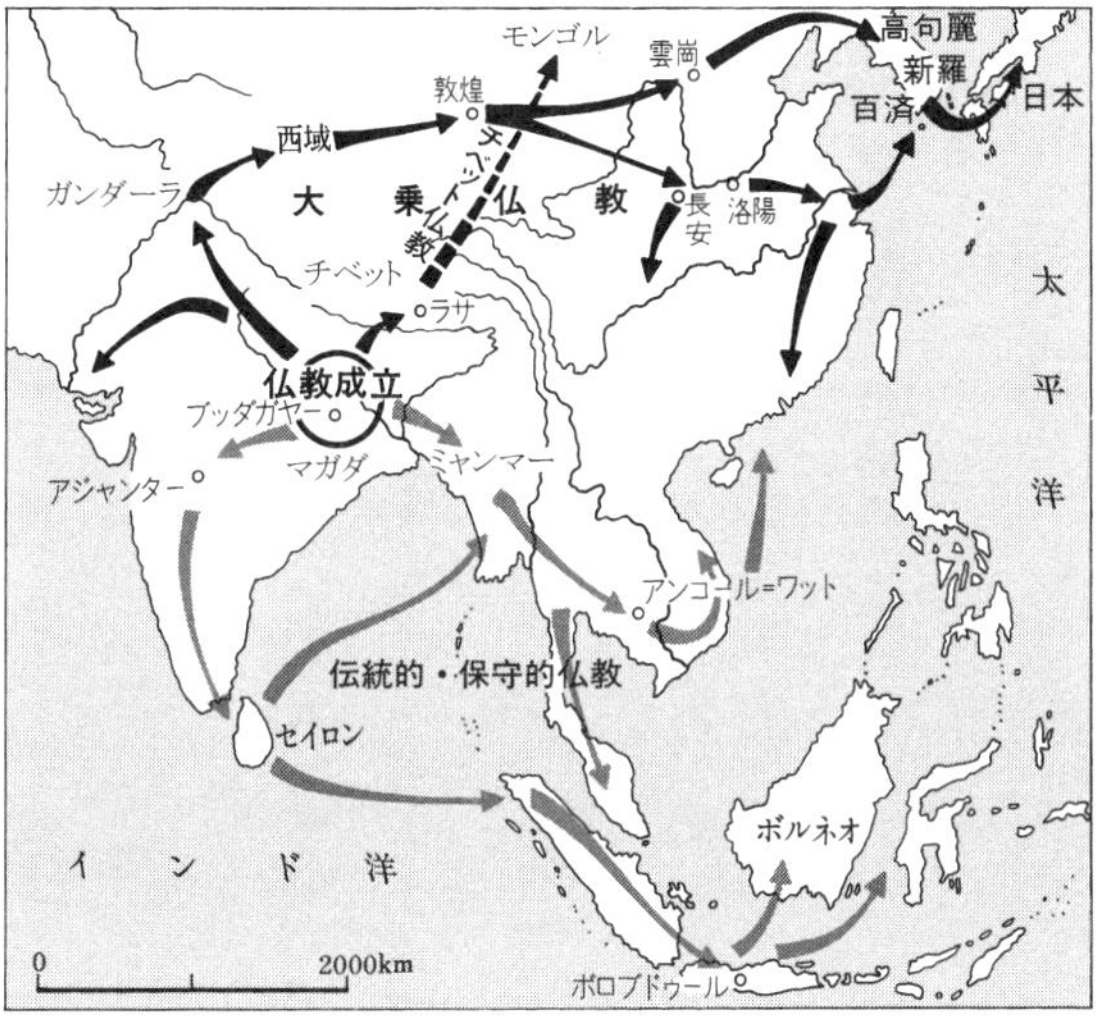

仏教の伝播

　また前章で述べたように、伝統的・保守的仏教は、人里離れた巨大な僧院で教理研究に没頭していました。これにたいし大乗仏教は、人々とともにある宗教運動ですから、慈悲に基づく「利他行」を強調しました。

　「慈」はいつくしみという意味です。もとのことばでマイトリー（maitrī）、真実の友情という意味です。「悲」はカルナー（karuṇā）で、かなしみ、かなしみをともにする、したがって憐れみや同情ともなります。この二つのことばは基本的に同じ気持ちであって、両方合わせて慈悲として、仏教の心構えのいちばんもとであるといわれています。

その精神としては、「自未度先度他《じみどせんどた》（みずから未《いま》だ度《わた》らざるに先《ま》ず他を度《わた》す）」、すなわち、「自分は苦しんでいるけれども、他人も苦しんでいる。自分が苦しみから脱する前に、まず他人を彼岸《ひがん》（＝理想）の世界へ連れてゆく」ことです。

利他行を実践する人をボーディサットヴァ（bodhisattva「菩薩《ぼさつ》」と音写します）といい、大士《だいし》とか開士《かいじ》と訳します。「ボーディ」はさとりということ、「サットヴァ」は人のこと、つまり「さとりをめざす人」という意味で、もとはさとりを開く前の釈尊のことをいったのですが、この時代になると、人々のために利他行を行う人をさすようになりました。

仏・菩薩への帰依と救済

かれらは衆生済度《しゅじょうさいど》の誓願（悲願）をたてました。人々を救おうという誓い、憐れみ・同情に基づく願いです。その究極の目標は、仏さまの「出世」の姿です。「出世」とは、現在使われているような「偉くなる」という意味ではなく、仏さまが人々を救うために、いろいろな姿になってこの世に現れることをいいます。

このような菩薩の実践というものが、大乗仏教の理想です。ここから大乗のあらゆる教えが出てきます。けれども、このような修行は一般の人には、なかなか実践しがたいことです。そこで一般の人々は、諸仏、諸菩薩にすがって（帰依《きえ》）、それによって救われ、その精神をうけて実践するという立場をとりました。だから諸仏、諸菩薩にたいする純粋の信仰を説いたのです。

拝まれた仏は多数あり、東方の阿閦仏《あしゅくぶつ》、西方の阿弥陀仏《あみだぶつ》、その他薬師如来《やくしにょらい》、未来の仏である弥勒《みろく》菩薩や、観世音《かんぜおん》菩薩、文殊《もんじゅ》菩薩、普賢《ふげん》菩薩などが熱烈な信仰を受けました。とくに慈悲行の典型的な表現として、阿弥陀仏の教えが説かれます。そして菩薩は超人化され、その救済力が強調されました。菩薩は衆生を救うために、いろいろの身を現し、そして衆生にたいする慈悲のゆえに、みずからは涅槃《ねはん》に入ることはないといわれる修行に勤めたのです。

ところで、諸仏、諸菩薩にたいする信仰が高まると、その姿を具体的な形で示し、それを崇拝したいという気持ちがおこり、多数の仏像や菩薩像がつくられました。

これらの菩薩像には、慈悲の理想が表現されています。たとえば、中央アジアの敦煌《とんこう》の壁画に描かれている弥陀《みだ》三尊の中の観音さまは、まことにふくよかで慈悲深い姿です。また日本では、京都の広隆寺の弥勒菩薩があります。弥勒菩薩というのは、釈尊が亡くなってから五十六億七千万年後に出て、この世の迷える人々をあまねく救う未来の仏さまだといわれていますが、その弥勒菩薩の顔も、とても円満な相好をしています。

仏教全体を考えてみますと、初めは自分で修行してさとりを開くというように、自分を救えるものは自分だけだという心構えであったのが、時代の経過とともに、救ってくれる人がほかにいるという考えが入ってきたわけです。西暦紀元後になると、大乗仏教においては、とくにその傾向が顕著になってきました。

たしかに一般民衆としては、必ずしも昔の修行者のような生活はできません。そこで、世俗の生活のうちにありながら、仏さまのお慈悲をいただいて救われる、あるいはまた、仏や菩薩に帰依すれば富や幸せが得られ、無病息災になるといって、おのずから現世利益《げんぜりやく》が得られるとも説かれたのです。

とくに注目すべきことは、ダーラニー（陀羅尼《だらに》）を教化の重要な手段の一つとしたことです。ダーラニー（dhāraṇī）とは「持《たも》つもの」という意味で、短い文句ですが、不思議な無量の功徳をたもっているから、それを唱えたならば願いが達成される、というのです。これがとり入れられたために、のちに大乗仏教から密教が成立するにいたる道が開かれました。

経典の編纂

このころになると、経典を書き写す、すなわち写経による「書写の功徳」ということが、さかんにいわれるようになりました。これは仏教ばかりではなく、ヒンドゥー教のプラーナ聖典においても強調されるようになりました。

日本にも写経は伝えられています。四天王寺《してんのうじ》にある扇面古写経は、『法華経』はじめ法華三部経の文句を扇に書いたもので、美しい絵も描かれています。平安時代になると、世はもう末世だ、この先どうなるかわからない、せめて書写の功徳を積んで仏さまのお慈悲にあずかりたいという気持ちが貴族のあいだにあって、このようなものができたのでしょう。

インドに話はもどりますが、お経は、アショーカ王の時代から唱えていたことがはっきりしていますが、そのころは文字に書かれず暗誦していたので、経典はあっても短いものでした。それがカニシカ王のころになると、それらがたくさん集められ、仏教の聖典として、経典が編纂されました。伝統的・保守的仏教ではすでにできあがっていましたが、大乗仏教でも、つくられつつありました。

これら初期の大乗経典は、熱烈な信仰のたぎるなかから創作されたもので、華麗巨大な表現を用いています。題材としては釈尊伝である仏伝や、以前からあった仏教説話に基づいて、戯曲的構想をもって雄大な姿で展開し、そこに哲学的な深い意義を寓しています。一つの宗教的文芸作品であるといえましょう。

般若経典は〈空〉を教える

大乗仏教には多数の経典がありますが、最初にくるのは般若《はんにゃ》経典で、〈空《くう》〉を教えています。「空観《くうがん》」といいます。「般若」とは、サンスクリット語のプラジュニャー（prajñā）の俗語パンニャー（paññā）を音写したものです。「パンニャー」は智慧、ことがらの真相を見ぬく、見通す智慧という意味です。それを述べている経典はたくさんあり、成立の年代もいろいろですが、それらを集成したものが『大般若波羅蜜多経《だいはんにゃはらみったきょう》』略して『大般若経』六百巻です。「波羅蜜多」はパーラミター（pāramitā）の音写で、完成、究極にいたるという意味です。そのなかにふくまれるもので、短いものとして『般若心経《はんにゃしんぎょう》』、『金剛《こんごう》般若経』、真言《しんごん》密教で有名な『理趣《りしゅ》経《きょう》』などはとくによく知られています。

原始仏教以来、「われわれ個人の存在を構成しているものは、もろもろの法（ダルマ）である」という見解が有力でした。

〈法〉とは、人間の心身の作用のあり方のことです。たとえば人間には怒るとか、貪《むさぼ》るとかいう煩悩がありますが、そういうあり方を一つの型にしてとらえ、それを〈法〉とよびました。

当時のいちばん有力な学派であった説一切有部《せついっさいうぶ》では、これらの法は永遠に実在すると考え、「一切の法がある」と説きました。しかし般若経典では、それらは〈空〉であると説いたのです。


空というのはサンスクリット語のシューニャ（sūnya）の訳で、もとの意味は、中が虚《うつ》ろである、中身がないということです。このシューニャはまたゼロのことで、インドの数学ではひじょうに重要な観念です（ご存知のように、ゼロの観念はインドにおいて考え出されました）。

つまり〈法〉について、あるいはそれ以外のものについても、固定的な実体としての観念をいだいてはならない。ありとあらゆるものはそれ以外のものに条件づけられて成立している。だからそれ自体は固定的な実体をもっていない、これを「無自性《むじしょう》」とよんでいます。それ自体がない、だからその本性は空である。そして空であるからこそ、われわれが修行によって煩悩を断ずることもできる。たとえば「貪り」などという煩悩がありますが、それが実在するものであったら、いつまでたってもなくなることはありません。ただ本体が空であるからこそ、われわれの修養によって、それを空《くう》ずることができるのです。そして、それをさとることを「無《む》上正等覚《じょうしょうとうかく》」といいます。このうえない正しい完全なさとりという意味です。

そして、実践はこういう精神、〈空観〉に基づかなければなりません。実践的には慈悲の観念がもとにあるのですが、それを基礎づける哲学的観念が〈空〉なのです。

智慧の完成

われわれの経験するありとあらゆるものは実体をもっていない、いつかは消え失せるものなのです。けれども、われわれはそれを知らずに執着しています。世俗的な常識の立場を超えて、人間存在の真実の姿にまで思いを馳せてみますと、すべてはまた違ったように見えてきます。

たとえば、他人と対しているとき、その人が自分と別の人であると思っているかぎりは対立感があります。あなたはいつまでもあなたとして、また私は私としてずっとつづいている。そこに隔てがあります。けれども、隔てなどというものは仮のものではないか、お互いに因縁が集まって、こちらの人はこう現れ、あちらの人はまた別の形で現れる、ともに因縁によって現れたわけです。この不思議な因縁に目をさますと、自他の対立感はなくなります。

そして、このような、とらわれのない清らかな気持ちになってこそ、慈悲の実践が可能になります。

しかし、相手にこういうことをしてやったのだと思っているうちは、まだとらわれがあります。自分が他人を救うのだと思い上がってはいけません。救う主体も空、救われるものも空、さらに救われて到達する境地も空なのです。与える人、受ける人、与えるものの三つが清らかにならなければいけません。このことを「三輪清浄《さんりんしょうじょう》」といいますが、そうなってはじめて、ほんとうの慈悲行ができると、大乗仏教は考えます。

また、〈空〉の思想を、どうせ空なのだから何をしてもしかたがない、何もしなくてよいのだと考えてしまいそうですが、これは「悪取空《あくしゅくう》」として、悪く空に執着することであるといわれます。かえって空にとらわれているということです。この意味で、空観はニヒリズムとは違います。

むしろ、何もないがゆえに、積極的にいろいろのものを現し出すことができるのです。仏典によく出てきますが、鏡の喩えが理解しやすいと思います。鏡はそのうちに何ももっていません。だから、ありとあらゆる姿をそこに映し出すことができます。もし鏡が他のものと対立する何ものかをもっていたら、こういうことはできません。これと同じことが〈空〉にもいえるのです。空であるからこそ、われわれの命、生存というものが実現するというのです。

さて、このような実践的認識を智慧の完成といい、それに基づいて六波羅蜜多《ろくはらみった》（六つの完成、六度《ど》）を完成させます。

まず第一に布施《ふせ》。何らかのものを人に与えて功徳をほどこす、という意味です。第二に戒めを守る。ほんとうに人間としての戒めを守ろうとすれば、空の立場に基づいてのみ可能です。第三に、忍辱《にんにく》。耐え忍ぶことです。第四に精進《しょうじん》。何のけがれた気持ちもなしに、努め励むことです。第五に禅定《ぜんじょう》。心静かに瞑想します。そしてそれによって、第六に正しい真理の理解がおこります。これが智慧の完成、般若波羅蜜多です。あるいは、この六つの美徳を身に具現することが智慧の完成です。

第3章

空思想のエッセンス――『般若心経』

大乗仏教の基本的教え

前章で述べたように、〈空〉の思想は大乗仏教の慈悲行《じひぎょう》の実践を支える哲学的原点ですが、空の思想を説いた経典としては、とくに般若《はんにゃ》経典が有名です。そして、般若経典というのは数多くあり、それらを集大成したものが、先に述べた『大般若波羅蜜多経《だいはんにゃはらみったきょう》』六百巻です。これは玄奘三蔵《げんじょうさんぞう》が漢訳しています。

六百巻というと途方もない数で、日本でも次のような有名な話があります。南北朝時代に、大塔宮護良親王《だいとうのみやもりながしんのう》が敵に攻められたとき、大般若経六百巻の入っている箱の中に身を隠して助かったというエピソードです。それくらい分厚いものです。

この厖大な『大般若経』のエッセンスがすべて、『般若《はんにゃ》（波羅蜜多）心経《しんぎょう》』の短い一巻の中に盛られているといわれています。「心」という字には、肝腎かなめ、精髄という意味があります。短く、かつ重要なので、『般若心経』は日本の仏教ではもっとも多く読誦されています。

サンスクリットの原文も、わが国に伝えられています。法隆寺には、今から千三百年ぐらい前に書かれたサンスクリットの『般若心経』が、完全な姿で伝えられています。現在では、東京・上野の国立博物館法隆寺宝物館において毎週展示されています。今われわれが見ても何とか読めるのは、これを完全な姿で遺してくれた祖先の努力のおかげと、深く敬意を表し、感謝するものです。

〈空〉の思想は、あらゆる事物が空であり、固定的な実体をもっていないとみなす思想です。われわれは観るもの、経験するものが固定的な実体をもっていると思っていますが、固定的な実体をもった永久不変のものは、何も形あるものとしては存在しません。たとえ百年、二百年とつづいたとしても、千年、一万年たてば、また消え失せてしまいます。

すでに原始仏教において、この空の思想は説かれていましたが、般若経典ではそれを受けてさらに発展させ、大乗仏教の基本的な教えとしたのです。

そうして、説一切有部《せついっさいうぶ》が説く「一切のものがある」、何らかのあり方が固定している、という見解にたいして、それは皮相的な見方であるとします。

この『般若心経』では、とくに否定的に響く「空」ということばをくり返し説いています。

次に『般若心経』の漢訳（玄奘訳）の書き下し文と、サンスクリット原文からの和訳とを合わせて載せますが、サンスクリット原文は、写本や所伝によって若干の相違があります。くわしくは後の「探究」を参照してください。

色即是空、空即是色

唐三蔵法師玄奘《とうさんぞうほっしげんじょう》 訳

【漢訳書き下し文】

般若波羅蜜多心経《はんにゃはらみったしんぎょう》

観自在菩薩《かんじざいぼさつ》が、深《しん》なる般若波羅蜜多《はんにゃはらみった》を行《ぎょう》ぜし時《とき》、五蘊《ごうん》は皆《みな》、空《くう》なりと照見《しょうけん》して、一切《いっさい》の苦厄《くやく》を度《ど》したまえり。舎利子《しゃりし》よ。色《しき》は空《くう》に異《こと》ならず。空《くう》は色《しき》に異《こと》ならず。色《しき》はすなわちこれ空《くう》、空《くう》はすなわちこれ色《しき》なり。受《じゅ》・想《そう》・行《ぎょう》・識《しき》もまたまたかくのごとし。舎利子《しゃりし》よ。この諸法《しょほう》は空相《くうそう》にして、生《しょう》ぜず、滅《めっ》せず、垢《あか》つかず、清《きよ》からず、増《ま》さず、減《へ》らず、

【サンスクリット原文和訳】

このように私は聞いた。あるとき、世尊は、多くの修行僧、多くの求道者とともに、ラージャグリハ（王舎城）のグリドゥラクータ山（霊鷲山）に在した。そのときに世尊は、深遠なさとりと名づけられる瞑想に入られた。そのとき、

〔以下が玄奘訳にほぼ対応しています〕すぐれた人、求道者・聖アヴァローキテーシヴァラは、深遠な智慧の完成を実践しつつあったが、次のように見きわめた、――存在するものには五つの構成要素がある

——と。しかも、かれは、これらの構成要素が、その本性からいうと実体のないものであると見抜いたのであった。そのとき、シャーリプトラ長老は、仏の力を承《う》けて、求道者・聖アヴァローキテーシヴァラにこのように言った。「もしもだれかある立派な若者が、深遠な智慧の完成を実践したいと願ったときには、どのように学んだらよいであろうか」と。こう言われたときに、すぐれた人、求道者・聖アヴァローキテーシヴァラは、長老シャーリプトラに次のように言った。「シャーリプトラよ。もしも立派な若者や立派な娘が、深遠な智慧の完成を実践したいと願ったときには、次のように見きわめるべきである——〈存在するものには五つの構成要素がある〉と。そこでかれは、これらの構成要素が、その本性からいうと、実体のないものであると見抜いたのであった。物質的現象には実体がないのであり、実体がないからこそ、物質的現象で〔ありうるので〕ある。実体がないといっても、それは物質的現象を離れてはいない。また、物質的現象は、実体がないことを離れて物質的現象であるのではない。〔このようにして、〕およそ物質的現象というものは、すべて実体がないことである。およそ実体がないということは、すべて物質的現象なのである。これと同じように、感覚も、表象も、意志も、認識も、すべて実体がないのである。

　シャーリプトラよ。この世においては、すべての存在するものには実体がないという特性がある。生じたということもなく、滅したということもなく、汚れたものでもなく、汚れを離れたものでもなく、減るということもなく、増すということもない」。

では次に、語義を説明しながら、全体の趣旨を述べていきましょう。

観自在菩薩（観音菩薩、あるいは観世音菩薩といっても同じこと。観音さまのこと）が、深遠な般若波羅蜜多を実践なさり、真実の認識を身につけて行われましたときに、五蘊《ごうん》は皆空であるとみそなわし、じっと真実をみつめることによって、一切のわれわれの苦しみをお救いになりました。

舎利子（釈尊の弟子で、智慧があるということでは第一の人。この人によって仏教の教団は広まった）よ。われわれの存在を構成している五蘊（五つの要素）のうちの最初にくるものを色《しき》（物質的構成要素。もとのことばでルーパ〔rūpa〕）といいますが、われわれは物質的な姿〈形〉をもっていて、その物質的なものを離れては生存できません。これはだれにでもあるものですが、その本性を尋ねると、じつは空にほかなりません。

空というものは何もない虚無ではなく、現実に展開するものなのです。展開するからそれは具体的な物質的な形にほかなりません。うちに何もない。何もないからこそ展開することができるのです。色はすなわちこれ空（色即是空）、われわれの物質的側面というのは、じつは空なのです。空というものは、じつは物質的な形として展開するものなのです。

五蘊のうち他の四つは受・想・行・識で、つまり受（われわれの感受作用）・想（心に想う。

表象作用）・行（われわれをうちからつくり出す力。形成作用）・識（識別作用）ですが、それらはいずれも空です。空というもとのものがまた色受想行識として現れているのです。

舎利子よ。この諸法（いろいろのもの）は空を特質としています。だから常識的に考えると、いろいろなものが現れ、また消えます。けれど高い境地から見ると、「生ぜず滅せず」、すなわち現象世界においては、いろいろな力が加わって生じたり滅びたりしているのですが、高い立場から見るとただ偉大なる一つの理《ことわり》があるだけで、生じても滅してもいません。だから垢がつくこともない、浄くなるということもない、増えるということも減るということもない。ただ偉大なる真実がそこにあるだけです。

空の究極の境地

【漢訳書き下し文】

この故《ゆえ》に、空《くう》の中《なか》には、色《しき》もなく、受《じゅ》も想《そう》も行《ぎょう》も識《しき》もなく、眼《め》も耳《みみ》も鼻《はな》も舌《した》も身《み》も意《こころ》もなく、色《しき》も声《こえ》も香《か》も味《あじ》も触《そく》も法《ほう》もなし。眼界《げんかい》もなく、乃至《ないし》、意識界《いしきかい》もなし。無明《むみょう》もなく、また、無明《むみょう》の尽《つ》くることもなし。乃至《ないし》、老《ろう》も死《し》もなく、また、老《ろう》と死《し》の尽《つ》くることもなし。苦《く》も集《じゅう》も滅《めつ》も道《どう》もなく、智《ち》もなく、また、得《とく》もなし。得《う》る所《ところ》なきを以《もっ》ての故《ゆえ》に。菩《ぼ》提薩埵《だいさった》は、般若波羅《はんにゃはら》蜜多《みった》に依《よ》るが故《ゆえ》に。心《こころ》に罣礙《けいげ》なし。罣《けい》礙《げ》なきが故《ゆえ》に、恐怖《くふ》あることなく、〔一切《いっさい》の〕顛倒夢想《てんどうむそう》を遠離《おんり》して涅槃《ねはん》を究竟《くきょう》す。三世《さんぜ》の諸仏《しょぶつ》も般若波羅《はんにゃはら》蜜多《みった》に依《よ》るが故《ゆえ》に、阿耨多羅三藐三菩提《あのくたらさんみゃくさんぼだい》を得《え》たまえり。故《ゆえ》に知《し》るべし、般若波羅《はんにゃはら》蜜多《みった》はこれ大神呪《だいじんしゅ》なり。これ大明呪《だいみょうしゅ》なり。これ無上呪《むじょうしゅ》なり。これ無等等呪《むとうどうしゅ》なり。よく一切《いっさい》の苦《く》を除《のぞ》き、真実《しんじつ》にして虚《こ》ならざるが故《ゆえ》に。般若波羅《はんにゃはら》蜜多《みった》の呪《しゅ》を説《と》く。すなわち呪《しゅ》を説《と》いて曰《いわ》く、

　掲帝《ぎゃてい》　掲帝《ぎゃてい》　般羅《はら》掲帝《ぎゃてい》　般羅《はら》僧掲帝《そうぎゃてい》　菩提《ぼじ》僧莎訶《そわか》

般若波羅《はんにゃはら》蜜多心経《みったしんぎょう》

【サンスクリット原文和訳】

「それゆえに、シャーリプトラよ。実体がないという立場においては、物質的現象もなく、感覚もなく、表象もなく、意志もなく、認識もない。眼もなく、耳もなく、鼻もなく、舌もなく、身体もなく、心もなく、形もなく、声もなく、香りもなく、味もなく、触れられる対象もなく、心の対象もない。眼の領域から意識の領域にいたるまでことごとくなく、心の対象の領域もなく意識の識別の領域もないのである。

　さとりもなければ、迷いもなく、〔さとりがなくなることもなければ、迷いが〕なくなることもない。かくて、老いも死もなく、老いと死がなくなることもないというにいたるのである。苦しみも、苦しみの原因も、苦しみを制してなくすことも、苦しみをなくす道もない。知ることもなく、得るところもな

い。得ないということもない。

それゆえに、シャーリプトラよ。得るということがないから、求道者の智慧の完成に安んじて、人は、心を覆われることなく住している。心を覆うものがないから、恐れがなく、転倒した心を遠く離れて、永遠の平安に入っているのである。

過去、現在、未来の三世にいます目ざめた人々は、すべて、智慧の完成に安んじて、この上ない正しい目ざめをさとり得られた。

それゆえに人は知るべきである。智慧の完成の大いなる真言《しんごん》、大いなるさとりの真言、無上の真言、無比の真言は、すべての苦しみを鎮《しず》める真言であり、偽りがないから真実であると。

その真言は、智慧の完成において次のように説かれた。

往ける者よ、往ける者よ、彼岸に往ける者よ、彼岸にまったく往ける者よ、さとりよ、幸あれ。〔以上が玄奘訳にほぼ対応します〕

シャーリプトラよ。深遠な智慧の完成を実践するときには、求道者はこのように学ぶべきである」と。

そのとき、世尊は、かの瞑想より起きて、求道者・聖アヴァローキテーシヴァラに賛意を表された。

「そのとおりだ、そのとおりだ。立派な若者よ。まさにそのとおりだ。立派な若者よ。深い智慧の完成を実践するときには、そのように行われなければならないのだ。あなたによって説かれたそのとおりに、目ざめた人々や尊敬されるべき人々は喜び受け入れるであろう」と。世尊は喜びに満ちた心でこのように言われた。長老シャーリプトラ、求道者・聖アヴァローキテーシヴァラ、一切の会衆、および神々や人間やアスラやガンダルヴァたちをふくむ世界の者たちは、世尊のことばに歓喜したのであった。

ここに、智慧の完成の心という経典を終わる。

前に、世に存在する物質的なものは空であり、空というものは物質的な形として展開するのだ、ということを説いたのですが、さらに、その空の境地をきわめていったところのようすを述べます。

こういうわけですから、空の中には物質的な形（色）も、感受作用（受）も表象作用（想）も形成作用（行）も識別作用（識）もありません。われわれの感覚器官を考えてみると、五つの感官と一つの思考器官、すなわち眼と耳と鼻と舌と触覚（身）の五つの感官、これに加えて思考する器官（意）の六つがあるわけですが（これを六根《ろっこん》という）、これも固定的な実体はありません。

眼・耳・鼻・舌・身・意のそれぞれの対象として、色（色や形。目で見るもの）・声（耳で聞くもの）・香（鼻で感じるもの）・味（舌で感じられる味）・触（触れられるもの）・法（思考の対象）があり（以上を六境《ろっきょう》といい、六根と合わせて十二処《しょ》という）、さらに識別作用として眼識（眼の識別作用）・耳識・鼻識・舌識・身識・意識があり、それらを一つ一つの領域としてみると、眼界・耳界・鼻界・舌界・身界・意界があります。全部合わせると十八の領域（十八界）になり、これらすべてが固定した対象をもっていないということなのです。

このさとった境地を、わが国でも昔から歌の形で表明しています。「世の中に我がものとてはなかりけり身をさへ土に還すべければ」――こういうふうなものが仮に集まって、われわれの存在ができていると考えられます。

それからさらにわれわれの存在を振り返ってみると、縁起説《えんぎせつ》というもので説明されることがあります。とくに十二の項目をたてるので十二支縁起または十二因縁《いんねん》といいますが、その根本には無明《むみょう》（迷い、明らかならず迷っていること）があります。その迷いに基づいてわれわれは生存し、老い、死ぬというわけですが、高い立場から見ると、一つの局面についてだけのことであり、全体としては無明ということもなく、また無明が尽きてさとりを開くということもありません。老い死ぬということもないし、また老い死ぬということのなくなることもありません。

さらに仏教では四つの真理、四諦《したい》ということを説きます。㈠われわれは今苦しんでいる。㈡その苦しみの奥には苦しむ基がある。㈢けれどその苦しみをなくした境地があり、それを滅《めつ》という。㈣そこに行くための道がある。このように四諦（四つの真理）ということを説きますが、高い立場から見れば何も分けて説く必要はありません。さとる智慧というものもなければ、何かを得るということもないのだ、というのです。

　何も得ることがない。菩提薩埵（ボーディサットヴァ〔bodhisattva〕の音写で、真実の求道者。真実の道を求める人。ボーディはさとり、サットヴァは生きものという意味）は、この般若波羅蜜多（真実の智慧）に依るがゆえに、心にさわりがありません。さわりがないから何かをおそれることもありません。そこで一切のまちがった妄想を離れていて涅槃《ねはん》（ニルヴァーナ〔nirvāṇa〕の俗語形の音写で、究極の境地）を体得することになります。三世諸仏（過去・現在・未来の三つの時期のもろもろの仏。仏は仏教では一人ではなく無数にいます）もみな般若波羅蜜多に依るがゆえに、無常のさとりを得られました。（阿耨多羅《あのくたら》はアヌッタラ〔anuttara〕の音写、三藐三菩提《さんみゃくさんぼだい》はサムヤクサンボーディ〔samyaksaṃbodhi〕の音写。無上の正しいさとりという意味です。特別な意味があるので漢訳しにくく、もとの音をそのまま写したようです。）

　というわけだから、「次のように知るべし」というのです。「般若波羅蜜多はこれ大神咒《だいじんしゅ》なり。これ大明咒《だいみょうしゅ》なり。これ無上咒《むじょうしゅ》なり。これ無《む》等等咒《とうどうしゅ》なり」。この「咒」という字は、わが国では「まじない、のろい」という意味に使いますが、中国では（ことに道教では）この「咒」を唱えることによって悪魔をはらうとか、天地の神々を招くというようなことをしました。原語でみると、「マントラ（mantra）」ということばをサンスクリット語では使っていますが、これはもともとヴェーダの祭りのときに唱える文句をいったのです。その「マントラ」ということばを使って、般若波羅蜜多というものは不思議な力があり、また偉大な智慧のことばであるといっているのです。

ほんとうに力のあるものは何か、それは般若のさとりであるという立場から、大神咒、大明咒という具合に讃えているのです。それからこれはまた無上咒（無上のことば）である。また無等等咒であるといいます（無等というのは等しいものがない、類《たぐ》いがないという意味です。二番目の等は平等、円満を意味すると解釈されています）。無上咒のほうは本性を示し、智慧の智を表します。無等等咒のほうは、仏性（仏となりうる可能性）を示していて、慈想を表すと解釈されています。だから一切の苦しみを除き、真実にして虚妄ではないのです。

「掲帝《ぎゃてい》　掲帝《ぎゃてい》　般羅《はら》掲帝《ぎゃてい》　般羅《はら》僧掲帝《そうぎゃてい》　菩提僧莎訶《ぼじそわか》」は、もとのサンスクリット語の原音でいうと、「ガテー　ガテー　パーラガテー　パーラサンガテー　ボーディ　スヴァーハー」で、次のように訳すこともできます。「往ける者よ　往ける者よ　彼岸に往ける者よ　彼岸にまっ

たく往ける者よ　さとりよ　幸あれ」――漢字に訳すと趣意がうまく伝わらない、むしろ不思議な力をたもつためには訳さないほうがいいと思って、このように音だけを写してここに記されているのです。

この経典は、〈空〉の究極の境地をじかにぶつけて述べています。それがまた不思議な力をもっています。つまり〈空〉の境地を身につけたならば、不思議なすばらしい力が現れるというその趣意をこの経典は伝えているのです。

第4章 空の実践——『金剛般若経』

金剛石のような般若の智慧

『金剛般若経』（以下『金剛経』）は、ひじょうに有名な経典で、『大般若経』六百巻の中にもふくめられていますが、もとは独立の経典としてつくられたものです。インドで大乗仏教があらわれたその最初の時期に成立した経典で、おそらく西暦紀元一世紀から二世紀初めのものであろうと考えられます。それはいろいろの点で立証されています。登場人物その他の舞台装置がさほど華麗巨大でないということとか、引用の関係とか、翻訳の年次とかいった点から、そのように考えられるのです。

この経典は、サンスクリット原典が残っていて、そのほかチベット訳もありますし、またコータン語訳、ソグド語の訳なども現在発見されています。漢訳の経典としては、八種類の訳が現在残っています。そのなかでもとくに四〇一年に西域から長安にやってきた鳩摩羅什《くまらじゅう》、もとのインド風の名前はクマーラジーヴァ（Kumārajīva）といいますが、この人が訳したものが昔からもっとも有名です。

この経典の題名は『金剛般若波羅蜜経《こんごうはんにゃはらみつきょう》』、もとのサンスクリットの名前では『ヴァジュラ・

チェーディカー・プラジュニャー・パーラミター・スートラ』(Vajra-cchedikā-prajñā-pāramitā-sūtra) といいます。その題名についてもいろいろ解釈されていますが、一般に採られている説は、金剛石がいろいろのものを砕くように、般若の智慧をもってわれわれの煩悩、迷いをくじく、そういう趣旨の経典である、と解されています。般若とは、先に述べたように、インドのことばでプラジュニャー(prajñā)といいますが、その俗語形のパンニャー(paññā)の音写で、智慧という意味です。それから波羅蜜は、もとのことばでパーラミター(pāramitā)、完全に到達すること、完成というような意味です。

この経典は、空の思想を述べるものとしてひじょうに有名ですが、しかし空というような特殊なことばは用いないで、その趣旨を明らかにしています。

大乗仏教の初期にあらわれた経典なので、当然、当時の伝統的・保守的な仏教である小乗仏教を目の前に置いて、相手にしているわけです。しかし、べつに小乗という名前をあげて、それを攻撃することはありません。それから自分の立場を大乗だということもありません。大乗とか小乗とかいって対立してしまいますと、そこには何かとらわれがあります。そこで、自分の立場を、「この上ない道」とか、あるいは「もっともすぐれた道」とか、あるいは「求道者、菩薩の道」であるとか、そういうような表現で表しています。ですから、大乗と小乗の両観念の対立を超えたものであるともいえるかもしれません。

経典の形式としても、ひじょうに簡素で古い形をたもっています。最初の書き出しは、「師（釈尊）は、千二百五十人の多くの修行僧とともにジェータ林にましました」というものです。こういう叙述は、原始仏典のそれをそのまま受けているのです。他のもろもろの大乗経典では、登場人物がひじょうに多く、比丘《びく》、比丘尼《びくに》、菩薩、あるいは天女、夜叉《やしゃ》、そのほかいろいろなものが出てきますが、この経典はそれとは全然異なっていてひじょうに簡単です。つまり『金剛経』は最初期の大乗経典なのです。場所としてジェータ林となっていますが、これは祇《ぎ》園精舎《おんしょうじゃ》のあった場所のことです。

このように簡素な形の経典ですが、しかし思想史的には重要で、『金剛経』は、中国の仏教、日本の仏教にたいへん大きな影響を及ぼしました。ことに禅においてはひじょうに重んじるところです。

空観の実践的認識

この経典の内容としては、〈空〉の思想、〈空観〉の立場に立って、実践の心がけを述べているのが重要です。この経典によると、われわれの日常の実践、行いというものは、空観、〈空〉の思想に基礎づけられたものでなければならないというのです。ことにその経典の中に「応無《おうむ》所住而生其心《しょじゅうにしょうごしん》」ということばがあります。「応《まさ》に住する所無くして而《しか》も其《そ》の心を生ずべし」。われわれは何かにこだわったり、滞《とどこお》るかたむきがある。しかし、なんら滞ることなくして真実の心を、さとりの心をおこすべきである、というのです。これは『金剛経』のうちでもとくに重要なことばです。

禅宗を確立したのは六祖慧能《えのう》という中国の人ですが、この人は家が貧しくて、母親を養いながら、薪《たきぎ》を伐って町に持って行き、それを売りながら暮らしていたのですが、あるとき、町を歩いていると、『金剛経』を唱えて歩いている人がいました。その唱えている「応無所住而生其心」ということばを聞き、ハッとして心を打たれました。そこで自分は出家しようと思いたち、母親のことを考えてあとの処置をしてから、自分は出家して禅僧となったという有名な話があります。

道を求める人（菩薩）は無量無数無辺《むりょうむしゅむへん》の衆生《しゅじょう》を救いますが、しかし自分が衆生を救ったと思ったならば、それはほんとうの求道者ではありません。かれにとっては救う者も〈空〉であり、救われる衆生も〈空〉であり、救われて到達する境地も〈空〉であるのです。仏はどこにましますか？　仏の身体（姿）でもって仏を見てはなりません。いかなる相も（結局無常なので）虚妄です。「もろもろの相は相にあらず」と見るならば、すなわち如来を見る、仏を見ることになります。

この仏には特定の教えというものはありません。教えというものは筏《いかだ》のようなものなのです。衆生を導くという目的を達したならば捨て去らねばなりません。教義にとらわれて争うなどということはあさましいことなのです。

こういう実践的認識を智慧の完成（般若波羅蜜多《はんにゃはらみった》）と称し、与える（布施《ふせ》）、戒めを守る（持戒《じかい》）、耐え忍ぶ（忍辱《にんにく》）、努め励む（精進《しょうじん》）、静かに瞑想する（禅定《ぜんじょう》）という五つの完成と合わせて六つの完成（六度《ど》、六波羅蜜多）と称するのです、という趣旨のことがいろいろと説かれています。

以下では、『金剛経』のいくつかの重要な部分について、その漢訳書き下し文と、それに対応するサンスクリット原文からの訳を読んでいくことにします。なお、サンスクリット原文はコンズの校定本により、節（算用数字とアルファベット小文字で表示）の分け方もそれに従いました。節の数え方は、古来一般に採用されている梁の昭明太子がつけたといわれる分節と同じことになります。

パラドックスを用いて説く

『金剛経』は次のように始まります。

【漢訳書き下し文】

金剛般若波羅蜜経《こんごうはんにゃはらみつきょう》

姚秦天竺三蔵鳩摩羅什《ようしんてんじくさんぞうくまらじゅう》訳

是《かく》の如《ごと》くわれ聞《き》けり。一時《あるとき》、仏《ほとけ》は、舎衛国《しゃえこく》の祇樹給孤独園《ぎじゅぎっこどくおん》に在《い》まして、大《おお》いなる比丘衆《びくしゅ》千二百五十人とともなりき。その時《とき》に世尊《せそん》は、食時《じきじ》に衣《え》を著《つ》け、鉢《はつ》を持《じ》して、舎衛大城《しゃえだいじょう》に入《い》りて食《じき》を乞《こ》い、その城《じょう》中《ちゅう》において次第《しだい》に乞《こ》い已《おわ》って、本処《ほんじょ》に還《かえ》り、飯《はん》を食《じき》し訖《おわ》って、衣鉢《えはつ》を収《おさ》め、足《あし》を洗《あら》い已《おわ》り、座《ざ》を敷《し》きて坐《ざ》したまいき。時《とき》に長老須菩提《ちょうろうしゅぼだい》は、大衆《だいしゅ》の中《なか》に在《あ》り、すなわち、座《ざ》より起《た》ちて、偏《ひと》えに右《みぎ》の肩《かた》を袒《はだぬ》ぎ(1)、右《みぎ》の膝《ひざ》を地《ち》に著《つ》け、合掌恭敬《がっしょうくぎょう》して、仏《ほとけ》に白《もう》して言《い》わく、

注

(1)「偏袒右肩《へんだんうけん》」——左肩に法衣をまとい、右肩を裸にすること。古代インドの礼法であり、現代でもなお南アジアの仏教僧侶のあいだでは行われている。

【サンスクリット原文和訳】

尊ぶべき、神聖な、智慧の完成に礼《らい》したてまつる。

1

私が聞いたところによると、――あるとき師は、千二百五十人もの多くの修行僧たち〔と、多くの求道者・すぐれた人々〕とともに、シラーヴァスティー市のジェータ林、孤独な人々に食を給する長者の園に滞在しておられた。

さて師は、朝のうちに、下衣をつけ、鉢と上衣とをとって、シラーヴァスティー大市街を食物を乞うて歩かれた。師は、シラーヴァスティー大市街を食物を乞うために歩かれ、食事を終えられた。食事が終わると、行乞《ぎょうこつ》から帰られ、鉢と上衣とをかたづけて、両足を洗い、設けられた座に両足を組んで、体をまっすぐにして、精神を集中して坐られた。そのとき、多くの修行僧たちは師の居られるところに近づいた。近づいて師の両足を頭に頂き、師のまわりを右まわりに三度まわって、かたわらに坐った。

2

ちょうどそのとき、スブーティ長老もまた、その同じ集まりに来合わせて坐っていた。さて、スブーティ長老は座から起ちあがって、上衣を一方の肩にかけ、右の膝を地につけ、師の居られる方に合掌して次のように言った。

「如是我聞《かくのごとくわれきけり》」はお経の初めにある決まり文句です。仏教経典の多くは「如是我聞」で始まり、説法の時と場所、聴衆を述べて内容に入ります。

あるとき、釈尊は舎衛国《しゃえこく》（インド北部にあります）の祇樹給孤独園《ぎじゅぎっこどくおん》（祇園《ぎおん》とよばれます。もともとジェータ太子という人の所有で、それを〝孤独なる者に食物を給する長者〟というお金持ちが需《もと》めて、釈尊に寄進した園。今日行っても、まことに涼しい森です）に、修行僧たち千二百五十人とともにおられました。朝に托鉢をしてもとの所へ帰ってこられました。そのとき長老の須菩提《しゅぼだい》（スブーティ Subhūti の音写）という人が、釈尊に恭《うやうや》しく申し上げました。

この経典ではだいたい須菩提という人が教えを受けるかたちで、〈空〉の境地が説かれているのです。

なお、サンスクリット原文では、僧たちが釈尊のまわりを右まわりに三度まわります。ここで、方角を数えるにあたっては、東→南→西→北と、インドで伝統的な右まわり（右遶《うにょう》 pradakṣiṇā）の習俗に従っていることを、注意しておきましょう。

言い換えると、中心にある尊敬されるべき対象に、常に右肩を向けてまわるのです。

さて、須菩薩が釈尊に申し上げたことを見てみましょう。

【漢訳書き下し文】

「希有《けう》なり。世尊《せそん》よ。如来《にょらい》はよくもろもろの菩薩《ぼさつ》を護念《ごねん》し、よくもろもろの菩薩《ぼさつ》に付嘱《ふぞく》したもう。世尊《せそん》よ。善男子《ぜんなんし》・善女人《ぜんにょにん》は、阿耨多羅三藐三菩提《あのくたらさんみゃくさんぼだい》の心《こころ》を発《おこ》さんに、まさに、いかんが住《じゅう》すべき、いかんがその心《こころ》を降伏《ごうぶく》すべきや」と。仏《ほとけ》は言《い》いたもう、「よいかな、よいかな。須菩提《しゅぼだい》よ。汝《なんじ》の説《と》くところの如《ごと》く、如来《にょらい》はよくもろもろの菩薩《ぼさつ》を護念《ごねん》し、よくもろもろの菩薩《ぼさつ》に付嘱《ふぞく》す。汝《なんじ》は、今《いま》、諦《あきら》かに聴《き》け、まさに汝《なんじ》のために説《と》くべし。善男子《ぜんなんし》・善女人《ぜんにょにん》は、阿耨多羅三藐三菩提《あのくたらさんみゃくさんぼだい》の心《こころ》を発《おこ》さんに、まさにかくの如《ごと》く住《じゅう》し、かくの如《ごと》くその心《こころ》を降伏《ごうぶく》すべし」。「唯《い》、然《しか》り。世尊《せそん》よ。願《ねが》わくは聴《き》かんと欲《ほっ》す」。

【サンスクリット原文和訳】

「師よ。すばらしいことです。幸ある人よ。まったくすばらしいことです。如来・尊敬されるべき人・正しく目ざめた人によって、求道者・すぐれた人々が《最上の恵み》につつまれているということは。師よ。すばらしいことです。如来・尊敬されるべき人・正しく目ざめた人によって、求道者・すぐれた人々が《最上の委嘱《いしょく》》を与えられているということは。

ところで、師よ。求道者の道に向かう立派な若者や立派な娘は、どのように生活し、どのように行動し、どのように心をたもったらよいのですか」。

このように問われたとき、師はスブーティ長老に向かって次のように答えられた――

「まことに、まことに、スブーティよ。あなたの言うとおりだ。如来は求道者・すぐれた人々を最上の恵みでつつんでいる。如来は求道者・すぐれた人々に最上の委嘱を与えている。だからスブーティよ。聞くがよい。よくよく考えるがよい。求道者の道に向かう者はどのように生活し、どのように行動し、どのように心をたもつべきであるかということを、私はあなたに話して聞かせよう」。

「そうして下さいますように、師よ」と、スブーティ長老は師に向かって答えた。

要するに、須菩提は「求道者の道に向かう者は、どのように生活し、行動し、心をたもてばよいのか」と問いかけたわけです。これに対して釈尊が答えられます。

【漢訳書き下し文】

仏《ほとけ》は、須菩提《しゅぼだい》に告《つ》げたもう、「もろもろの菩薩《ぼさつ》・摩訶薩《まかさつ》は、まさにかくの如《ごと》く其《そ》の心《こころ》を降伏《ごうぶく》すべし。『あらゆる一切衆生《いっさいしゅじょう》の類《たぐい》、もしくは卵生《らんしょう》、もしくは胎生《たいしょう》、もしくは湿生《しっしょう》、もしくは化生《けしょう》、もしくは有色《うしき》、もしくは無色《むしき》、もしくは有想《うそう》、もしくは無想《むそう》、もしくは非有想《ひうそう》、非無想《ひむそう》なるものを、われは、皆《みな》、無余《むよ》涅槃《ねはん》(1)に入《い》れて、これを滅度《めつど》せしむ。かくの如《ごと》く無量無数無辺《むりょうむしゅむへん》の衆生《しゅじょう》を滅度《めつど》せしめたれども、実《じつ》には衆生《しゅじょう》の滅度《めつど》を得《う》る者無《ものな》し』と。何《なに》を以《もっ》ての故《ゆえ》に。須菩提《しゅぼだい》よ。もし菩薩《ぼさつ》に、我相《がそう》・人相《にんそう》・衆生相《しゅじょうそう》・寿者相《じゅしゃそう》有《あ》らば、すなわち、菩薩《ぼさつ》に非《あら》ざればなり」。

注

（1）無余涅槃《むよねはん》——一切の煩悩を断ち切って未来の生死の原因をなくした者が、なお体だけを残しているのを有余涅槃《うよねはん》といい、その体までもなくしたとき、無余涅槃という。迷いがまったくない状態で死した最高の状態。

【サンスクリット原文和訳】

3

師はこのように話し出された——

「スブーティよ。ここに、求道者の道に向かう者は、次のような心をおこさなければならない。すなわち、スブーティよ——

『およそ生きもののなかまに含められるかぎりの生きとし生けるもの、卵から生まれたもの、母胎から生まれたもの、湿気から生まれたもの、他から生まれず自《みずか》ら生まれ出たもの、形のあるもの、形のないもの、表象作用のあるもの、表象作用のないもの、表象作用があるのでもなく無いのでもないもの、その他生きもののなかまとして考えられるかぎり考えられた生きとし生けるものども、それらのありとあらゆるものを、私は《悩みのない永遠の平安》という境地に導き入れなければならない。しかし、このように、無数の生きとし生けるものを永遠の平安に導き入れても、じつはだれひとりとして永遠の平安に導き入れられたものはない』と。

それはなぜかというと、スブーティよ。もしも求道者が、《生きているものという思い》をおこすとすれば、もはやかれは求道者とは言われないからだ。

それはなぜかというと、スブーティよ。だれでも《自我という思い》をおこしたり、《生きているものという思い》や、《個体という思い》や、《個人という思い》などをおこしたりするものは、もはや求道者とは言われないからだ」。

須菩提にたいして釈尊は答えました。「もろもろの菩薩・摩訶薩《まかさつ》（道を求める偉大な人）は、こういう心をおこさなければなりません。つまり固定した生きものというものがあって、それが完全な涅槃の境地に入るのだ、と思ってはなりません。もしそういうふうな執着をおこす人がいるならば、それはほんとうの求道者とはいえません」と。

右にあげた諸文章は、『金剛経』の最初の部分に出てくるものですが、何をいっているのか読者は面くらわれることでしょう。この経典全体を通じていえることですが、だいたい逆説的な調子で説かれています。形式論理の立場で割り切ろうとすると、理解できないことをいっているようですが、しかし考えてみますと、われわれ人間の存在というものは、ひじょうに逆説的なものだともいえます。形式論理では割り切れないものがたくさんあります。たとえば、われわれは眠りたいというときに、眠ろうとつとめると眠れない。眠らなくてもいいんだと思うと、そうすると案外やすらかに眠れる。そういう逆説的な面を般若経典、ことに『金剛経』はよくついているのです。

それでは、なぜこういう逆説的ないい方をするかというと、これはやはり歴史的な事情を背景において考える必要があります。

『金剛経』が出る前は、伝統的・保守的な仏教、いわゆる小乗仏教がインド一般に行われていて、そのなかでもとくに説一切有部《せついっさいうぶ》という学派がさかんでした。そのときまでに仏教史も五、六百年も年月を経過していて、教義もひじょうに複雑なものに発達し、ことこまかな点まで教義がきめられていました。そうすると、修行する者はこうしなければならない、あのように思わなければならないと、ことこまかにきめられている教義にとらわれて、根本の心構えが忘れられはしないか、そういう反省がなされ、そこから大乗仏教はおきてきたわけです。

修行者は、自分は修行するんだと思うのですが、そう思うことがすでに何か誤りをふくんでいるのではないか。そこで自我という思いをおこしてはならない、おれはこうやるんだと、そう思い上がってはいけない。それからあと、ほかの文句はみなくり返しになります。

「生きもの」、これはサットヴァ（sattva）の訳で、生存しているもの、という意味です。また「個体」（プドガラ pudgala）、あるいは命のある「個人」（ジーヴァ jīva）という表現がありますが、これはみな同じことをいっています。そういう実体的なものがあって、それが修行に向かって進んでいるのだと思って、その自己にとらわれる、それはじつは仏教の出発点である無我の思想と反することになるというわけです。『金剛経』はこの点をついているのです。これは禅でいうと、最初に鉗鎚《けんつい》をくらわされたようなものです。

この経典は、思想としては〈空〉を説いていますが、〈空〉ということばそのものは経典の中に出てきません。また、近代人は〈自我の確立〉ということが必要であるとよくいわれますが、ここでは自我にたいして否定的な立言がなされています。これをどう解釈したらよいのか、ということが問題となります。なぜ『金剛経』は「《自我という思い》をおこしたり、《生きているものという思い》や、《個体という思い》や、《個人という思い》などをおこしたりするものは、もはや求道者とはいわれない」というのでしょうか。

これは、我といってもいろいろの意味があるのです。日常生活、小さな自己にとらわれて、人と争っている自己もあります。そういうようなものを離れて、高い意味の自己を実現するということを仏教では説くわけで、その高い意味の自己を実現するためには、小我は越え去らなければなりません。それが無我なのです。だから、小我を越えるということをここで説いているると、そのように解釈できるかと思います。べつに大我とか高い我ということばは、この経典には使われておりません。これは、そんなことを言うと、またそれにとらわれてしまうおそれがあるからです。とらわれを離れさせるというのが『金剛経』の一つの趣旨なのです。

「三輪清浄」の理

そういうことを説いたあと、次に短い文句ですが、「何かにとらわれるところなくして人に物を与える、ということを行いなさい」といいます。

4

【漢訳書き下し文】

「また次《つぎ》に、須菩提《しゅぼだい》よ。菩薩《ぼさつ》は法《ほう》においてまさに住《じゅう》するところ無《な》くして布施《ふせ》を行《ぎょう》ずべし」。（以下略）

【サンスクリット原文和訳】

「ところで、また、スブーティよ。求道者はものにとらわれて施しをしてはならない」。（以下略）

布施というのは、施し、人に物を与えるということです。物質的なものでもいいし、あるいは精神的なものでもいい。あるいは労力による施しであってもいいわけです。そういうすべてをひっくるめて、サンスクリット語ではダーナ（dāna）といっています。与えるという意味です。これは英語の donation などと語源的には同じです。また、よく「旦那さん」という、あの旦那はここからきています。旦那さんというのは、たいてい何かを人に与える人ですから、それを抽象的に「与える」といったのでしょう。

漢訳の仏典では、この「与える」を「布施」ということばで訳していますが、これは功徳を布《し》き施すということでうまい訳です。今それを日本語でなんと訳したらいいか、「与える」というのも少し粗雑な言い方ですので、思想に近づけて「施す」といちおう訳しましたが、施すというと、なにか上の者が下の力のない人に何か物をあげるという連想をともないます。しかし、そうではありません。もとのサンスクリット語では、ただ何ものかを人に与えるというだけのことなのです。これが現実の社会においては、人々のまず第一に実践すべき徳として尊ばれたのです。だから六波羅蜜（人間の行うべき六つの行いの完成）のなかの第一に、与える、施すということが説かれているのです。

それがここでもいわれているわけですが、とにかく人に何かを与える、施しをする、人を助けるという場合に、「自分が何かを人に与える」という思いにとらわれてはいけないということです。そう考えますと、現代のあらゆるものは汚れをもっているでしょうね。では、「汚れの無い施し」とは何でしょうか。

この場合に「三輪《さんりん》清浄《しょうじょう》」ということを仏教ではいいます。

これは前に述べたとおり、「施者」(助け与える人・主体)と、「受者」(受け取る人・客体)と、「施物」(与えられる物や助け)の三つが、いずれも空で清らかでなければならないということです。「この私があの人にこういうことをしてやったんだ」と思っているかぎり、そういう思い上がり、こだわりがあると、この施者と受者と施物の三つが滞《とどこお》っていることになります。「私がこういうことをしたんだ」と思っていてもいけない。そういうことをすっかり忘れて、施す者もなければ受ける者もないというような、とらわれのない清らかな気持ちになって人を助けること、空を鳥が自由に飛び回るような屈託のない境地で人のために尽くすこと、そこでほんとうに清らかな助け合いということが可能になってきます。『金剛経』はそういうことを説いているわけなのです。

これを現代の世の中に照らし合わせてみても、そういう点が見受けられます。人に何かしてあげようという場合に、何かにこだわるといけないのです。なにもとらわれることなく、こだわることもない清らかな気持ちをもって人に奉仕する、この気持ちこそほんとうに自他ともに生かされるゆえんではないでしょうか。実際にできないことだから、教えとしてよけい生きてくるのではないでしょうか。この経典ではこのようなことを説いていて、その後の大乗仏教の実践の基本となります。

この『金剛経』の教えは難しいようにみえますが、しかし、決して現実ばなれのしたことではありません。私たちは、人から道をきかれて答えるということはよくありますが、その場合に、何かを求めるということはまったくありません。それはこの教えをひじょうに小さな面ではありますが、実際に行っているわけです。これをもっと拡大して、社会活動を行うための重要な心構えとして、偉大な理想を追って実現するということをめざすならば、人生はどんなにか幸せになるのではないかと思います。

もしこの境地を一つの哲学的な観念で表現するとすれば、「空」ということばがいちばん向いているでしょう。

「空」の字は、クウとも、ソラともまたカラとも読みます。つまりいろいろの読み方があるわけです。クウというときには、仏教でいう哲学的な観念を連想しますが、ソラというと、ひじょうに現実的な大空のことになります。しかし、決して無関係ではないのです。大空を見ますと、そこに何もありません。雲くらい見えることもあるでしょうが、雲がなければ何もありません。この何もない境地、その空《そら》が空《くう》をたとえる譬喩に使われるのです。空《くう》というのは大空のごときものである。そういうようなことをいいますから、だから、漢字の「空」がクウになったり、ソラとして使われていますが、単に偶然に結びついていることではなくて、やはりそこにわけがあるのです。

さっき述べたように、この空という字はまたカラとも読めます。カラということばがインドの原文にはいちばん合うと思うのです。インドの原語では、シューニャ（śūnya）といい、それは空虚のことをいいます。語源的には、ふくれ上がった、つまりうつろな、なかはからという、そういう意味です。それがいろいろの意味に使われまして、ことにサンスクリット語でシューニャター（śūnyatā）というと、それはインドの数学ではゼロを意味します。

ゼロの観念は、インド人が考えついたものなのです。昔のヨーロッパ人にはゼロの観念はありませんでした。

アラビア数字になってゼロということは出てきます。ところがアラビア数字というものは、じつはインド数字なのです。次の図を見てください。

図の上のほうに出ているのは、いま使っているアラビア数字の一から十までです。下に、昔から使われているインドの数字が、インド文字であるデーヴァ・ナーガリーで書かれています。上のアラビア数字と、ひじょうによく似ています。

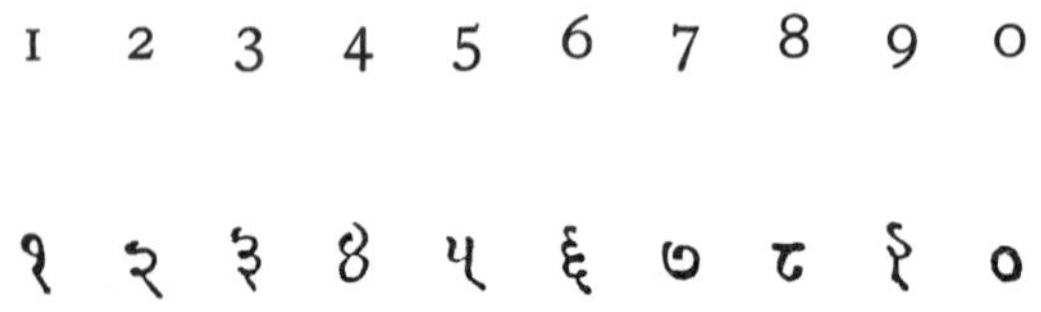

アラビア数字（上）とインドの数字（下）

これはみなインドから来たのです。インドからアラビアを通り、アラビアの商人が西洋に伝えたのです。位取りも、インド人が考え出したものです。ただインド起源ということを西洋の人は知りませんから、アラビア人が伝えたのでアラビア数字とよばれるようになったわけです。

ゼロということは、何もないということなのですが、ゼロをどこかに置くと、意味をもってきます。たとえば10のように。ゼロは何もないということですけれども、何もないがゆえに結局それが意味をもってくる。この観念が仏教哲学へ採り入れられ、やはり同じシューニャターということばを使っています。漢訳仏典では「空」と訳します。それはそれ自身からなのです。からであるからこそあらゆるものを成立させるわけです。

いまの現代訳だったら、これをゼロと訳したかもしれませんし、あるいは数学的無限大と解することができるかもしれません。

筏《いかだ》の喩《たとえ》

とらわれを離れさす、ということは、教えそのものについてもあてはまります。

【漢訳書き下し文】

(前文略)「このもろもろの衆生《しゅじょう》が、もし、心《こころ》に相《そう》を取《と》るときは、すなわち、我《が》(1)・人《にん》(2)・衆生《しゅじょう》(3)・寿者《じゅしゃ》(4)に著《じゃく》せられ、もし、法《ほう》に相《そう》を取《と》るときは、すなわち、我《が》・人《にん》・衆生《しゅじょう》・寿者《じゅしゃ》に著《じゃく》すればなり。何《なに》を以《もっ》ての故《ゆえ》に。もし、非法《ひほう》に相《そう》を取《と》るときは、すなわち、我《が》・人《にん》・衆生《しゅじょう》・寿者《じゅしゃ》に著《じゃく》すればなり。この故《ゆえ》に、まさに法《ほう》を取《と》るべからず。まさに非法《ひほう》をも取《と》るべからず。この義《ぎ》を以《もっ》ての故《ゆえ》に、如来《にょらい》は常《つね》に説《と》けり、『汝《なんじ》ら比丘《びく》よ。わが説法《せっぽう》を筏《いかだ》の喩《たとえ》の如《ごと》しと知《し》る者《もの》は、法《ほう》すらなおまさに捨《す》つべし。いかに況《いわ》んや非法《ひほう》をや』と。須菩提《しゅぼだい》よ。意《こころ》においていかに。如来《にょらい》にして阿耨多羅三藐三菩提《あのくたらさんみゃくさんぼだい》を得《え》んに、如来《にょらい》の説《と》くところの法有《ほうあ》りや」。須菩提《しゅぼだい》は言《い》わく、「われ仏《ほとけ》の説《と》きたもうところの義《ぎ》を解《げ》する如《ごと》くんば、定《さだ》んで、法《ほう》にして、阿耨多羅三藐三菩提《あのくたらさんみゃくさんぼだい》と名《な》づくるものは、有《あ》ること無《な》し」。（以下略）

注

（1）我《が》――我相。自我の観念。
（2）人《にん》――人相。個人という観念。
（3）衆生《しゅじょう》――衆生相。生きているものという観念。
（4）寿者《じゅしゃ》――寿者相。個体という観念。

【サンスクリット原文和訳】

6

（前文略）「もしも、かれら求道者・すぐれた人々に、《ものという思い》がおこるならば、かれらには、かの自我にたいする執着があるだろうし、生きているものにたいする執着、個体にたいする執着、個人にたいする執着があるだろうから。

もしも、《ものでないものという思い》がおこるならば、かれらには、かの自我にたいする執着があるだろうし、生きているものにたいする執着、個体にたいする執着、個人にたいする執着があるだろうからだ。

それはなぜだろうか。

じつに、また、スブーティよ。求道者・すぐれた人々は、法をとりあげてもいけないし、法でないものをとりあげてもいけないからだ。

それだから、如来は、この趣意で、次のようなことばを説かれた――『筏《いかだ》の喩えの法門を知る人は、法をさえも捨てなければならない。まして、法でないものはなおさらのことである』と」。

7

さらに、また、師はスブーティ長老に向かってこのように問われた――「スブーティよ。どう思うか。如来が、この上ない正しいさとりであるとして現にさとっている法が何かあるだろうか。また、如来によって教え示された法が何かあるのだろうか」。

こう問われたときに、スブーティ長老は師に向かってこのように答えた――「師よ。私が師の説かれたところの意味を理解したところによると、如来が、この上ない正しいさとりであるとして現にさとっておられる法というものは何もありません」。(以下略)

この文中の筏の喩というのは、先に少し述べましたが、仏教では最初のときからよく説かれることです。当然、仏教信徒であったらみな知っていることだとして、ここで使われたのですが、しかし現代になりますと、やはり説明がいるようです。

これは教えを筏にたとえるのです。原始仏教聖典のなかに出てきますが、釈尊がお弟子に向かって教えられたこういう一節があります。

ここに一人の旅人がいます。旅人が歩いてきて、川のところまで来ました。この川を渡って彼方の岸、彼岸に渡りたいと思い、あたりに散らばっている木切れだとか、つる草だとか、そういうものを集めて筏をつくり、それに乗って向こう岸へ渡ります。そこで、ああ、自分はこの筏のおかげでこちらの岸に渡り着くことができたんだ。ありがたいものだ。このだいじなものを捨てるわけにはいかない、というわけで、それを肩へかついでまた旅をつづけていく旅人があったとします。「この旅人をおまえはどう思うか。賢者であろうか、あるいは愚か者であろうか」。そうするとお弟子は答えて申します。「ああ、愚か者でございます。無用のものを持って歩くのは意味ないですから」。そうすると、釈尊の諭《さと》しとして、「そのとおりだ。教えも筏のようなものだ」というのです。

教えというものは、人を導いて、彼方の岸、理想の世界へ連れて行くためのよすが、手段なのです。だから、目的地に達したならば、その筏は捨てられなければなりません。とらわれていてはいけません。仏教には八万四千の法門があるといわれます。いろいろな教えがあるわけです。ときには互いに矛盾しているような教えもあります。けれども、それはいっこうかまわないのです。人を精神的に健全な人として完成させるというのが教えの目的なのですから、相手によってちがった教えが説かれることもあるのです。

たとえばお医者さんが病人を治療する、そういう喩えがあります。病人に応じてお医者さんはちがった薬を与えます。眠れなくて困るという人にたいしては睡眠薬を与えます。ところが、どうも逆に眠くて困るという人には覚醒薬を与えます。両方の薬は矛盾しているわけです。けれども、健康を実現させようという点では目的は一つです。

仏さまの説かれた教えもいろいろあります。人は十人十色ですから、教えもいろいろありま す。それぞれの人にもっとも適切な教えが説かれるのですから、どれか一つを後生だいじにして、これでなくてはいけないと、ほかの教えを排斥するようなことがあってはいけません。教えにとらわれてはいけません。法すらも捨てなければなりません。いわんや非法、まちがったことには、なおさらとらわれてはいけません。

とらわれのない心

いよいよ、先にも述べましたが『金剛経』のなかでとくに重要なことばである「応無《おうむ》所住而《しょじゅうに》生其《しょうご》心《しん》」の出てくる箇所を読んでみましょう。

【漢訳書き下し文】

（仏《ほとけ》は須菩提《しゅぼだい》に告《つ》げたもう。）「須菩提《しゅぼだい》よ。意《こころ》においていかに。菩薩《ぼさつ》は仏土《ぶつど》を荘厳《しょうごん》するや、いなや」。「いななり。世尊《せそん》よ。何《なに》を以《もっ》ての故《ゆえ》に。仏土《ぶつど》を荘厳《しょうごん》すというは、すなわち、荘厳《しょうごん》するに非《あら》ざればなり。これを荘厳《しょうごん》と名《なづ》くるなり」。「この故《ゆえ》に、須菩提《しゅぼだい》よ。もろもろの菩薩《ぼさつ》・摩訶薩《まかさつ》は、まさに、かくの如《ごと》く、清浄《しょうじょう》の心《こころ》を生《しょう》ずべし。まさに色《しき》に住《じゅう》して心《こころ》を生《しょう》ずべからず。まさに声香味触法《しょうこうみそくほう》に住《じゅう》して心《こころ》を生《しょう》ずべからず。まさに住《じゅう》するところ無《な》くして、しかもその心《こころ》を生《しょう》ずべし。須菩提《しゅぼだい》よ。譬《たと》えば、もし、人有《ひとあ》りて、身《み》は須弥《しゅみ》山王《せんのう》の如《ごと》しとせんに、意《こころ》においていかに。この身《み》を大《だい》となすや、いなや」。須菩提《しゅぼだい》は言《い》わく、「甚《はなは》だ大《だい》なり。世尊《せそん》よ。何《なに》を以《もっ》ての故《ゆえ》に。仏《ほとけ》は、『非身《ひしん》をこれ大身《だいしん》と名《なづ》く』と説《と》かれたればなり」。（以下略）

【サンスクリット原文和訳】

10・b

師は言われた――「スブーティよ。もしも、ある求道者が、『私は国土の建設をなしとげるだろう』と、このように言ったとすれば、かれは間違ったことを言ったことになるのだ。それはなぜかというと、スブーティよ。如来は『国土の建設、国土の建設というのは、建設でないことだ』と説かれているからだ。それだからこそ、《国土の建設》と言われるのだ。

10・c

それだから、スブーティよ。求道者・偉大な人々は、とらわれない心をおこさなければならない。何ものかにとらわれた心をおこしてはならない。形にとらわれた心をおこしてはならない。声や、香りや、味や、触れられるものや、心の対象に、とらわれた心をおこしてはならない。

スブーティよ。たとえば、ここにひとりの人がいて、その体は整っていて大きく、山の王スメール山のようであったとするならば、スブーティよ、どう思うか。かれの体は大きいであろうか」。

スブーティは答えた――「師よ。それは大きいですとも。幸ある人よ。その体は大きいですとも。それはなぜかというと、師よ。如来は、『体、体、というがそんなものはない』と仰せられたからです。それだからこそ、《体》と言われるのです。師よ。それは有でもなく、また、無でもないのです。それだからこそ、《体》と言われるのです」。(以下略)

ここの部分にこの経典でもっとも大事なことば、「住《じゅう》するところ無《な》くして、しかもその心《こころ》を生《しょう》ずべし」があります。何にもとらわれることがないままに、心をはたらかせなさい、という意味です。では何に心はとらわれるのかといいますと、その前の部分に述べられています。「色《しき》に住《じゅう》して心《こころ》を生《しょう》ずべからず」、形にとらわれた心をおこしてはならない。「声香味触法《しょうこうみそくほう》に住《じゅう》して心《こころ》を生《しょう》ずべからず」、声や、香りや、味や、触れられるものや、心の対象、そういったものにとらわれた心をおこしてはならない、と説いているのです。

実践はこのような空観に基礎づけられたものでなければなりません。漢訳では「応無所住而《おうむしょじゅうに》生其心《しょうごしん》」（応《まさ》に住する所無くして而《しか》も其の心を生ずべし）と説いていますが、「其の心」というのは清浄心です。

この句はとくに南宗禅において重要視され、頓悟説の典拠の一つとされました。六祖慧能《えのう》はこの句を聞いてさとったといわれますが、それは後世に成立した伝説であるようです。唐代の南宗禅では「而生其心」の四字に深い意義を認め寂知（本智）の用《はたらき》を強調する根拠としています。しかしともかくサンスクリット原文はこのように簡単なものです。漢訳ではあとの方には「応生無所住心」ということばがありますが、そこの原文には「何ものかにとらわれた心をおこしてはならない」となっていて、漢訳のほうは積極的な表現に改めたおもむきがあります。

真の実践は執着を離れた行為です。こういう理法を体得することがさとりであり、無上正等覚です。こういう道理を自覚してもろもろの善を実践することのうちに真実のさとりが存するのです。

＊

『金剛経』の後半部分で、須菩提が、以前と似た質問をします。「求道者の道に進んだ者は、どのように生活し、行動し、心をたもてばよいのか」と、釈尊に問いかけるのです。

【漢訳書き下し文】

その時《とき》に須菩提《しゅぼだい》は、仏《ほとけ》に白《もう》して言《い》わく、「世尊《せそん》よ。善男子《ぜんなんし》・善女人《ぜんにょにん》ありて、阿耨多羅三藐三菩提《あのくたらさんみゃくさんぼだい》の心《こころ》を発《おこ》さんに、いかんが、まさに住《じゅう》すべきや。いかんが、その心《こころ》を降伏《ごうぶく》すべきや」。仏《ほとけ》は、須菩提《しゅぼだい》に告《つ》げたもう、「善男子《ぜんなんし》・善女人《ぜんにょにん》にして阿耨多羅三藐三菩提《あのくたらさんみゃくさんぼだい》を発《おこ》さん者《もの》は、まさにかくの如《ごと》き心《こころ》を生《しょう》ずべし、『われは、まさに一切衆生《いっさいしゅじょう》を滅度《めつど》せしむべし。一切衆生《いっさいしゅじょう》を滅度《めつど》せしめ已《おわ》りて、しかも、一《いち》の衆生《しゅじょう》も、実《じつ》には滅度《めつど》する者《もの》有《あ》ること無《な》し』と。何《なに》を以《もっ》ての故《ゆえ》に。須菩提《しゅぼだい》よ。もし菩薩《ぼさつ》に、我相《がそう》と、人相《にんそう》と、衆生相《しゅじょうそう》と、寿者相《じゅしゃそう》と有《あ》らば、すなわち菩薩《ぼさつ》に非《あら》ず。ゆえはいかに。須菩提《しゅぼだい》よ。実《じつ》に、法《ほう》として、阿耨多羅三藐三菩提《あのくたらさんみゃくさんぼだい》を発《おこ》すという〔ごとき〕もの、有《あ》ること無《な》ければなり」。（以下略）

【サンスクリット原文和訳】

17・a

そのとき、スブーティ長老は、師に向かって次のように問うた――「師よ。求道者の道に進んだ者は、どのように生活し、どのように行動し、どのように心をたもったらよいのですか」。

師は答えられた――「スブーティよ。ここに、求道者の道に進んだ者は次のような心をおこすべきだ。すなわち、『私は生きとし生けるものを、汚れのない永遠の平安という境地に導き入れなければならない。しかも、このように生きとし生けるものを永遠の平安に導き入れても、じつはだれひとりとして永遠の平安に導き入れられたものはないのだ』と。

それはなぜかというと、スブーティよ。もしも求道者が、《生存するもの》という思いをおこすとすれば、かれはもはや求道者とは言われないからだ。個体という思いや、ないしは個人という思いなどをおこしたりするものは、求道者とは言われないからだ。

それはなぜかというと、スブーティよ。《求道者の道に向かった人》というようなものは何も存在しないからだ」。(以下略)

ここで釈尊は須菩提に、あるべき心について逆説的に説きます。「われは、まさに一切《いっさい》衆生《しゅじょう》を滅度《めつど》せしむべし。一切衆生《いっさいしゅじょう》を滅度《めつど》せしめ已《お》わりて、しかも、一《いち》の衆生《しゅじょう》も、実《じつ》には滅度《めつど》する者有《ものあ》ること無《な》し」――「仏は一切の生きとし生けるものを滅度させたが、じつは滅度させた衆生はいない」と。何かを実体としてとらえて固執すると、たちまち誤るということを述べているのです。

＊

釈尊が須菩提と問答をくり返しながら、逆説的に教えを重ねる部分を読んでみましょう。

【漢訳書き下し文】

「須菩提《しゅぼだい》よ。意《こころ》においていかに。仏《ほとけ》は、色身《しきしん》を具足《ぐそく》せることを以《もっ》て見《み》るべきや、いなや」。「いなり。世尊《せそん》よ。如来《にょらい》は、まさに色身《しきしん》を具足《ぐそく》せることを以《もっ》て見《み》るべからず。何《なに》を以《もっ》ての故《ゆえ》に。如来《にょらい》は、『色身《しきしん》を具足《ぐ》すといふは、すなわち、色身《しきしん》を具足《ぐそく》するに非《あら》ず』と説《と》かれたればなり。これを、色身《しきしん》を具足《ぐそく》すと名《なつ》くるなり」。「須菩提《しゅぼだい》よ。意《こころ》においていかに。如来《にょらい》は、諸相《しょそう》を具足《ぐそく》せることを以《もっ》て見《み》るべきや、いなや」。「いなり。世尊《せそん》よ。如来《にょらい》は、まさに諸相《しょそう》を具足《ぐそく》せることを以《もっ》て見《み》るべからず。何《なに》を以《もっ》ての故《ゆえ》に。如来《にょらい》は、『諸相《しょそう》を具足《ぐそく》すといふは、すなわち、具足《ぐそく》するに非《あら》ず』と説《と》かれたればなり。これを諸相《しょそう》を具足《ぐそく》すと名《なつ》くるなり」。「須菩提《しゅぼだい》よ。汝《なんじ》は、如来《にょらい》はこの念《おも》いを作《な》して、『われはまさに説《と》くところの法有《ほうあ》るべし』とす、と謂《おも》うことなかれ。この念《おも》いを作《な》すことなかれ。何《なに》を以《もっ》ての故《ゆえ》に。もし、人《ひと》、『如来《にょらい》には説《と》くところの法有《ほうあ》り』と言《い》わば、すなわち、仏《ほとけ》を謗《そし》ることとなればなり。わが説《と》くところを解《げ》すること能《あた》わざる故《ゆえ》なり。須菩提《しゅぼだい》よ。法《ほう》を説《と》くというも、法《ほう》として説《と》くべきもの無《な》ければなり。これを法《ほう》を説《と》くと名《なづ》くるなり」。（以下略）

【サンスクリット原文和訳】

20・a

「スブーティよ。どう思うか。如来を、端麗な身体を完成しているものとして見るべきであろうか」。

スブーティは答えた――「師よ。そうではありません。如来を、端麗な身体を完成しているものとして見るべきではありません。それはなぜかというと、師よ。『《端麗な身体を完成している》《端麗な身体を完成している》というのは、じつはそなえていないということなのだ』と、如来が説かれているからです。それだからこそ、《端麗な身体を完成している》と言われるのです」。

20・b

師は問われた――「スブーティよ。どう思うか。如来は特徴をそなえたものと見るべきであろうか」。

スブーティは答えた――「師よ。そうではありません。如来は特徴をそなえたものであると見なしてはならないのです。それはなぜかというと、師よ。『特徴をそなえていると如来の説かれたことは、じつは特徴をそなえていないことだ』と如来が仰せられたからです。それだからこそ、《特徴をそなえている》と言われるのです」。

21・a

師は問われた――「スブーティよ。どう思うか。〈私が法を教え示した〉というような考えが如来におこるだろうか」。

スブーティは答えた――「師よ。そうではありません。〈私が法を教え示した〉というような考えが如来におこることはありません」。

師は言われた――「スブーティよ。『如来は法を教え示した』と、このように説く者があるとすれば、かれは誤りを説くことになるのだ。スブーティよ。かれは、真実でないものに執着して、私を謗《そし》るものだ。それはなぜかというと、スブーティよ。《法の教示》《法の教示》というけれども、法の教示として認められるようなことがらは何も存在しないからだ」。（以下略）

ここでいう「色身」とは姿・形のある身という意味で、また「諸相」というのは特徴を示す姿ということです。そのような色身とか諸相をもっているという観念はいけないと述べています。

仏の姿・形をもって仏と見なしてはならない、というのです。

わたくしは、よくアメリカ人から質問されたことがあります。――「日本人は、仏のあの仏像をそのまま仏と見なしているのであるか?」と。そうあってはならないという答えがここに用意されているのです。

すがすがしい境地で生きていく

『金剛経』の最後の部分を読んでみましょう。

【漢訳書き下し文】

(前文略)「いかにして人《ひと》のために演説《えんぜつ》するや。相《そう》を取《と》らざれば、如如《にょにょ》にして不動《ふどう》なり。何《なに》を以《もっ》ての故《ゆえ》に。

一切《いっさい》の有《う》為《い》(1)法《ほう》は、夢《ゆめ》・幻《まぼろし》・泡《あわ》・影《かげ》の如《ごと》く
露《つゆ》の如《ごと》く、また、電《いなずま》の如《ごと》し。

まさにかくの如《ごと》き観《かん》を作《な》すべし」。

仏《ほとけ》は、この経《きょう》を説《と》き已《おわ》りたまえり。長老須菩提《ちょうろうしゅぼだい》、および、もろもろの比丘《びく》・比丘尼《びくに》・優婆塞《うばそく》・優婆《うば》

夷《い》、(2)一切《いつさい》の世間《せけん》の天《てん》・人《にん》・阿修羅《あしゅら》は、仏《ほとけ》の説《と》きたもうところを聞《き》きて、皆《みな》、大《おお》いに歓喜《かんき》し、金剛般若波羅蜜経《こんごうはんにゃはらみつきょう》を信受《しんじゅ》し、奉行《ぶぎょう》せり。

注

(1) 有為《うい》――因縁によって生じた現象。無為《むい》はそれを超えた現象のこと。

(2) 優婆塞《うばそく》・優婆夷《うばい》――在家の男女の信者。出家修行者によく仕える人。優婆塞は男性信者、優婆夷《うばい》は女性信者。

【サンスクリット原文和訳】

32・a

(前文略)「それでは、どのように説いて聞かせるのであろうか。説いて聞かせないようにすればよいのだ。それだからこそ、〈説いて聞かせる〉と言われるのだ。

現象界というものは、
星や、眼の翳《かげ》、灯し火や、
幻や、露や、水泡《うたかた》や、
夢や、電光や、雲のよう、
そのようなものと、見るがよい」。

師はこのように説かれた。スブーティ上座は歓喜し、そして、これらの修行僧や尼僧たち、在家の信

者や信女たち、また、〔これらの求道者たちや、〕神々や人間やアスラやガンダルヴァたちをふくむ世界
のものどもは、師の説かれたことを讃えたという。
『金剛経』のなかには、ひじょうに逆説的な教えが多いのですが、具象的なことも出ていま
す。その一つは、「一切有為法《いっさいういほう》　如夢幻泡影《にょむげんほうよう》　如露亦如電《にょろやくにょでん》　応作如是観《おうさにょぜかん》」です。あらゆるつく
り出されたものは夢のようなものだ、また幻のようなものである、あるいは水の上に浮かぶ泡
のようなものである、あるいは水面に映る影のようなものである、あるいは露のようなもので
あり、あるいはいなずまのようなものである、このように観ずべきである、というのです。

これなどは日本人の心にひじょうに訴えるものであって、たとえば武将が自分の辞世の句に
その文句を入れていることがあります。中国地方の大名だった大内義隆《よしたか》は、天文二十年（一五
五一）に陶晴賢《すえはるかた》に襲われて自刃するのですが、その辞世の句にはこのように出ています。

討つものも討たるるものももろともに如露亦如電応作如是観

最期のぎりぎりの覚悟はここだったのです。このようにすぐに出てくるほど一般の教養とし
て深く浸透していたわけで、さらにその後にも、いろいろ趣旨はうたわれています。たとえば
至道無難《しどうむなん》禅師の歌では、

生きながら死びととなりてなり果てて思いのままにするわざぞよき

このように『金剛経』は、日本人の精神生活にひじょうに強い影響を及ぼしています。『金剛経』はだいたい抽象的なことを逆説的に述べていることが多いのですが、日本人は具象的な喩えをもって説き、また教えられることが好きなので、経の内容を具象的な姿に改めて、現実に即して、身近なものとして考えるようになったと思われます。

また道元禅師には「応無所住」という題をつけた歌があります。

水鳥の行くもかえるも跡たえて　されども道は忘れざりけり

ことにこの和歌ではその空の思想の積極的な意義を、じつにはっきりと強調されております。空というと、なにか諦めとか、無と感ずるだけだということが連想されますが、たしかに人間がどうにもならないというときには、諦めることも必要だと思います。けれども、日常生きていく場合には、また別の心組みもいるわけです。そうすると、先にも、とらわれのない心持ちをもって人々のために奉仕せよというようなことがありましたが、その空の思想を述べる『金剛経』のような教えは、現実の実際の覚悟を示すものだと思います。そこには、なんにもないのです。なんともすがすがしい境地です。水鳥が飛ぶと、あとになんにも残していない。しかし、決して迷うことはない。この空の境地に達しながら、しかもわれわれは決して道をまちがえない、乱すことがない。現実を基礎づけることになると思うのです。こういうすがすがしい境地で生きていくことができたら、どんなにいいことかと思います。

第5章　大乗仏教と空——『八千頌般若経』

『八千頌般若経』の状況設定

この章で紹介する『八千頌般若経《はっせんじゅはんにゃきょう》』は、〈空《くう》〉を説いた数多くの般若経典のなかでも、比較的に早く成立したものです。サンスクリット原本は三十二章からできています。

漢訳は鳩摩羅什《くまらじゅう》訳『小品般若経《しょうぼんはんにゃきょう》』（『摩訶般若波羅蜜経』）十巻二十九品があり、同本異訳としては、支婁迦讖《しるかせん》訳『道行般若経《どうぎょうはんにゃきょう》』十巻三十品、支謙《しけん》訳『大明度無極経《だいみょうどむごくきょう》』六巻三十品、曇摩《どんま》蜱《ひ》・竺仏念《じくぶつねん》共訳『摩訶般若鈔《しょう》経』五巻十三品、玄奘《げんじょう》訳『大般若経』第四会《え》十八巻二十九品および第五会十巻二十四品、施護《せご》訳『仏母出生三法蔵《ぶつもしゅっしょうさんほうぞう》般若波羅蜜多経』二十五巻三十二品、があります。また、チベット訳もあります。

以下では、『八千頌般若経』のいくつかの重要な部分について、サンスクリット原文からの和訳を読んでいくことにします。

前章でも述べましたが、『金剛経』は、インドで大乗仏教が現れ出たその最初の時期に成立した簡素な経典で、おそらく西暦紀元五〇年から二〇〇年ごろのものであると考えられます。多数つくられた般若経典のうちでわりあいに初期のものであるということは、いろいろの点で立証されています。引用の関係とか、翻訳の年次とかいう点のほかに、登場人物その他の舞台装置がそう華奢でないという点も、その一つです。経典の形式がひじょうに簡素で、古い形式をたもっていて、情景の叙述がくどくどしくありません。

同様に、状況の設定に関しては『八千頌般若経』もきわめて簡単です。

【サンスクリット原文和訳】

次のように、わたしは聞いた。あるとき尊師は、ラージャグリハ市（王舎城）において〈鷲の峰〉の上に、千二百五十人という大勢の修行僧の仲間とともにとどまっておられた。これらの修行僧たちは聖者（arhat）であって、すでに汚れ（煩悩）を滅ぼし尽くし[1]、みずからを制する力があり、その心はまったく解き放たれ、その智慧もまったくとどこおりなく、高尚であり[2]、〈偉大な象〉（mahā-nāga）とでもいうべき人であり、なすべきことをなしとげ、その重荷をおろし、自分の目的を達成し、迷いの生存への束縛をすっかり断ち切り、完全な智慧によってその心がすっかり解脱し、心を完全に制する最高の境地に到達していた。ただ一人、アーナンダ尊者だけが例外であった。（Wogihara *As.*, pp.2;8）

注

（1）聖者（arhat）であって、すでに汚れ（煩悩）を滅ぼし尽くし――arhat について kṣīṇāsravair niḥkleśair…… というのを、学者は "Heilige, bei denen die Grundübel vernichtet, die von den Sünden frei……waren" (Winternitz, *Der*

Mahāyāna-Buddhismus, Tübingen, 1930, S.62), "lauter Heiligen (*arhan*), deren Befleckungen geschwunden waren, die frei von Lastern waren" (Frauwallner, *Die Philosophie des Buddhismus*, Berlin, 1956, S.151) と訳している。

（2）高尚── ājāneya. よい血統を受けている駿馬をいう。"gleich wohlgeschulten Rossen" (Frauwallner, *ibid.*, S.151).

このように、簡素であり、古い形式をたもっています。多くの大乗経典では、比丘・比丘尼・菩薩・天女・夜叉、その他いろいろ多岐にわたる登場人物が羅列されるのが通常の形式なのです。

すでに仏の慈悲のうちに在り

『八千頌般若経』の最初のところでは、〈真理を知り、仏の教えを説くということ自体が仏の不思議な力に助けられているのである〉ということが明言されています。

【サンスクリット原文和訳】

そこで尊師はスブーティ（須菩《しゅぼ》提《だい》）長老に告げられた。

「スブーティよ。求道者・偉大な人々は、どのようにして智慧の完成に向かって進んで行くのであるか？　その求道者・偉大な人々の智慧の完成について、おまえに、閃きが起こるように！」[1]（Wogihara, As., pp.21–22）

注

（1）おまえに、閃きが起こるように！—— pratibhātu te. "Besinne Dich" (Frauwallner, *op. cit.*, S.151).

スブーティは、サンスクリット原語の音を写して「須菩提」と漢訳されますが、ブッダの弟子の中でも空を解すること第一でありましたので、「空生《くうしょう》」とも言われます。この解空第一のスブーティを相手に説かれたのが、この『八千頌般若経』です。

『八千頌般若経』は、簡単な状況説明がなされたのち、ブッダがスブーティに質問をするところから始まります。

それは、求道者・偉大な人々、すなわち「菩薩」は、どのようにして智慧の完成（般若波羅蜜）に向かって進んでいくと思うか、という問いです。

【サンスクリット原文和訳】

そのときシャーリプトラ尊者はひそかに次のように思った。

『長老スブーティ尊者は、自分自身の智慧の閃きの力をはたらかせることによって、自分自身の智慧の閃きに勢いづけられて、〈求道者・偉大な人々〉の〈智慧の完成〉を説示しようとするのであろうか？　あるいは仏の威神力をかりて説示しようとしているのであろうか？』と。

そこでスブーティ尊者は、仏の威神力に助けられて、シャーリプトラ尊者のこのような思案を心で察して、シャーリプトラ尊者に次のように言った。

「シャーリプトラ長老よ。尊師の弟子たちが語り、説き、説示し、説明し、解明することは、なんであろうとすべて、如来の雄々しいはたらき[1]の致すところであると知るべきであります。それはなにゆえでありましょうか？　如来が教え（dharma）を説くときに、その説法について学ぶ人々は、その真理（dharmatā）を直観し、身にたもっているのです。その真理を直観し、身にたもったうえで、かれらはなにごとかを語り、なにごとかを説き、なにごとかを説示し、なにごとかを説明し、なにごとかを解明するのですが、そのすべては真理と矛盾しないのです（sarvaṃ tat dharmatayā aviruddham）。

シャーリプトラ尊者よ。立派な人々が真理を説くときに、その説くところを真理と矛盾しないようにするのは、その説くところが如来の説法そのものから自然に流れ出た結果（niṣyanda）であるからなのです」。（Wogihara, *Aṣ.*, pp.27–30）

注

（1）雄々しいはたらき―― puruṣakāra. 説一切有部で説く五果の一つである〈士用果〉の「士用」に相当する。

ブッダの問いに対して、スブーティは、すぐに返事をしません。

スブーティは、その場に居合わせたシャーリプトラ（舎利弗）が、ブッダの質問にスブーティがどのように答えるかを思案しているのを察します。そこで質問に対して答える前に、より根本的な問題についてシャーリプトラに回答します。

弟子が語りまた解明することはみな如来の雄々しいはたらきによってなされるのである。だからこそ真理と矛盾しないのである、と。

なお、〈真理をさとった人の語ることはすべて真実である〉という思想は、さらに『法華経』に継承されています。『法華経』には次のように説かれています。

「かれが説くであろうところの法を、かれは記憶しつづけて忘失しないであろう。世俗的な世間のいい表しは、語言であろうとも呪句であろうとも、それらすべてを法の理によって（dharma-nayena）顕現せしめるであろう」。（*Saddh P.* ed by Wogihara and Tsuchida, p.315, *ll*.20–22）

これがクマーラジーヴァ（鳩摩羅什）の漢訳になるとさらに一段の発展を示し、政治経済活動のすべてを肯定することになります。

すなわち、もしも人が『法華経』の真の趣意をさとって説くならば、

「もろもろの諸説の法は、その義趣に随いて、皆な実相と相い違背せじ。もし俗間の経書、治世の語言、資生の業などを説かんに、皆な正法に順ぜん」。（『妙法蓮華経』㊅九巻五〇上）

といいます。日本の仏教は、ここに社会的活動を根拠づける基礎を得たのです。

空の認識の具現

空を体得する真実の智慧を大乗仏教では〈智慧の完成〉（prajñā-pāramitā）とよんでいます。〈一切空〉を体得することが〈智慧の完成〉であり、それは最上のさとりであり、あらゆる現象が実体性をもたないという道理をさとることなのです。したがって、仏道の実践につとめる主体というものも、真実にはあり得ないことになります。主体なるものは認められません。伝統的表現によると、「不可得」です。固定的な実体としての主体があると思ったならば、それ

は迷いなのです。

『八千頌般若経』では次のように説いています。

【サンスクリット原文和訳】

そのとき、スブーティ尊者は仏の威神力に助けられて、尊師に次のように申し上げた。

「尊師は、『スブーティよ。求道者・偉大な人々は、どのようにして智慧の完成に向かって進んで行くのであるか？ その求道者・偉大な人々の智慧の完成について、おまえに、閃きが起こるように！』と仰せられましたが、尊師よ。『求道者』『求道者』といわれるときに、この『求道者』とは、そもそもどんなもの[1]の名称[2]なのですか？ 尊師よ。わたしは〈求道者〉というものがあるとは認めません。[3] また、わたしは〈智慧の完成〉というものがあるとは認めません。

さて、[4] わたしは〈求道者〉というものをも、また〈求道者の特質[5]〉というものをも見出し得ず、認識し得ず、有りとは認めないのですから、わたしはいかなる〈求道者〉を教えさとしましょうか？ またいかなる〈智慧の完成〉というものをも見出し得ず、認識し得ず、有りとは認めないのですから、いかなる〈智慧の完成〉を教えさとしましょうか？」（Wogihara *As.*, pp.30–31）

注

（1）もの―― dharma. “die Gegebenheit” (Frauwallner, *op. cit.*, S.152). しかし日本語では訳しにくい。

（2）名称―― adhivacana. "Benennung" (Frauwallner, *ibid*.).

（3）認めません―― na……samanupaśyāmi. "Ich nehme……nicht wahr" (Frauwallner, *ibid*.).

（4）さて―― so 'ham. 人称代名詞の前に指示代名詞が来ると、それは接続詞的な役割をはたす。

（5）〈求道者〉・〈求道者の特質〉―― bodhisattva, bodhisattva-dharma. この場合 bodhisattva というのは個々の個人存在としての〈求道者〉をいうのであり、bodhisattva-dharma というときには、求道者を求道者たらしめている特質、本質をいうのであろう。

そういうわけで〈仏道を実践する人〉というものも実存しません。この道理をさとって覚悟ができたところに、〈空〉の実践が成立するのです。

【サンスクリット原文和訳】

「さらに、また、尊師よ。このように〔〈求道者〉なるものも〈智慧の完成〉なるものも実在するとは認められないと〕語られ、説かれ、説示されるにもかかわらず、もしも求道者の精神がひるまず、沈まず、失望せず、落胆せず、その心が臆せず、がっかりせず、恐れず、おののかず、驚愕しないならば、まさにこの求道者・偉大な人こそ〈智慧の完成〉のうちにあって教えさとされるべきです。これこそ、その求道者・偉大な人の〈智慧の完成〉であると知るべきです。これが〈智慧の完成〉についての教えなのです。

もしも〔求道者が〕このような〔〈求道者〉とか〈智慧の完成〉とかいうものが実在するとは認められないという教えを聞いても、恐れ驚かないという〕状態にあるならば、それこそこの〔求道者の〕教えさとし〔が具現されているの〕です」。(Wogihara *As.*, pp.33-34)

実践は、このような空観に基礎づけられたものでなければなりません。真の実践は執着を離れた行為なのです。こういう理法を体得することがさとりであり、無上正等覚です。こういう道理を自覚してもろもろの善を実践することのうちに、真実のさとりが存するのです。ただし〈さとりに向かう〉ということも実際には行われません。なんとなればわれわれの存在の本性は清く浄らかなものであり、われわれはすでにさとっているからです。

【サンスクリット原文和訳】

「さらに、また、尊師よ。ある求道者・偉大な人が、〈智慧の完成〉を実行し、〈智慧の完成〉を実践しているときには、教えのとおりに行っているこの人は、さとりに向かう心（菩提心）(1)によってそうしているのだとは考えないように、学ばなければなりません。それはなぜでしょうか？　けだし〈心〉というものは〈心〉ではないのです。心の本性は深く輝いているのです（汚れのないものです）」。（Wogihara *As.*, pp.37-38）

注

（1）さとりに向かう心（菩提心）―― bodhicitta. さとりに向かう心（bodhicitta）とはさとりを実現する心であり、認識を本質としていると説明されている。bodhicitta (Wogihara *As.*, p.38, *ll.* 1-2) = bodhy-āvāhaka-jñāna-rūpaṃ cittam（*AAA.*, p.38, *l.* 5).

では「〈心〉というものは〈心〉ではない」というのは、どういうことなのでしょうか？

【サンスクリット原文和訳】

そこでシャーリプトラ尊者はスブーティ尊者に次のように言った。

「ところで『〈心〉というものは〈心〉ではない[1]』といわれるその心は、いったい存在するのですか？」

このように言われたときに、スブーティ尊者はシャーリプトラ尊者に次のように言った。

「シャーリプトラ尊者よ。いったい〈心ではない〉ということのうちに、〈あること〉あるいは〈ないこと〉が存在するのでしょうか？　あるいは認識されるのでしょうか？」

シャーリプトラは答えた。

「そうではありません。〔存在しないし、認識されることもないのです。〕スブーティ尊者よ」。

スブーティが言った。

「シャーリプトラ尊者よ。もしも〈心ではない〉というそのことのうちに〈あること〉もまた〈ないこと〉も存在しないし、認識されないのであるならば、シャーリプトラ尊者（あなた）が、『〈心〉ではない、といわれるその心は、いったい存在するのですか？』と質問されたことは、道理にかなったことなのでしょうか？」

このように言われたときに、シャーリプトラ尊者はスブーティ尊者に次のように言った。

「スブーティ尊者よ。では、この〈心ではないこと〉というのは、なんなのでしょうか？」

スブーティは答えた。

「シャーリプトラ尊者よ。〈心ではないこと〉というのは、変化せず、妄想（分別）を離れているのです」[2]。

そのとき、シャーリプトラ尊者はスブーティ尊者に称讃のことばを発した。

「立派です！　立派です！　スブーティ尊者よ。あなたは争いのない境地にとどまっている人々のうちでも最上の人であると尊師がお説きになりましたとおりに、あなたは説かれました」。（Wogihara As., pp.39-40）

注

（1）〈心〉ではない――acitta, acittatā をクマーラジーヴァの訳では「非心」と訳している（『小品般若波羅蜜経』初品第一㊅八巻五三七ページ中)。このほうが原文に忠実であり、また論理が一貫する。わが国ではこれを「無心」と解する解釈がひろく行われているが、それは後代の禅的見解をもち込みすぎたように思われる。"das Nicht-Gedanke-Sein" (Frauwallner, *op. cit.*, S.153).

(2) 変化せず、妄想(分別)を離れている——「変化しない」というのは、〈非心〉ということを常に実習していると、仏の境地(仏地)において無変化を完成することにたいして原因となるからである。「妄想を離れている」(avikalpa) というのは、無顚倒を完成するための原因となるからである (*AAA.*, p.40, *ll.* 14-16)。"unvorstellbar" (Frauwallner, *ibid.*).

ここには、〈心は心ではない〉ということを通して大切なことが述べられています。ふつう、「無い」ということは、「有る」ことの反対の言葉として理解されます。ところが、〈心ではない〉ということのうちには、〈あること〉や〈ないこと〉は存在しないというのです。短いことばですが、ここに、空は有無の立場を離れたものであることが端的に示されています。そこは有と無の分別を超えているわけですから、妄想を離れているといわれるのです。

大乗の精神

ここで、歴史的な事情を背景において、大乗仏教がおこってきた経緯を再び考えてみましょう。先にも述べましたが、初期の般若経典が出る前には、伝統的・保守的な仏教、いわゆる小乗仏教がインド一般に行われていました。そのなかでもとくに、説一切有部《せついっさいうぶ》という学派がさかんでした。このころになると、仏教史も五、六百年もの年月を経過していて、教義もひじょうに複雑なものに発達し、ことこまかな点まできめられていました。そして修行する者はこうしなければならない、あのように思わなければならないと、ことこまかにきめられていて、これを乱してはならない、ということが伝統的教義となっていました。そうすると、教義にとらわれて、根本の心構えが忘れられているのではないか——そういう反省から大乗仏教がおこってきたわけです。

『八千頌般若経』は〈大乗〉ということを説明して次のようにいいます。

【サンスクリット原文和訳】

そのときマイトラーヤニーの子、プールナ尊者は、尊師にこのように言った。

「尊師よ。〈偉大な人〉〈偉大な人〉ということがよくいわれますが、その人は、偉大な〔徳の〕甲冑に身をかため、(1)偉大な乗り物で進み、大きな乗り物に乗っているのであります。だからこそ、かれは〈偉大な人〉〈偉大な人〉とよばれるのです(2)」。(Wogihara As., p.84)

注

（1）甲冑に身をかため―― saṃnaddha. インドの美文芸においても、saṃnaddha とは「用意された」「準備された」「(ある行為を）まさになそうとする」という意味である（*Meghadūta*, 8)。

（2）〈偉大な人〉とよばれるのです―― mahāsattva iti saṃkhyāṃ gacchati. saṃkhyā については次のように説明されている。saṃkhyā = vyapadeśa(*AAA.*, p.86, *ll.* 23-24).

プールナ（富楼那《ふるな》）は、全国に遊説し説法第一の称を得た十大弟子の一人です。

プールナは、菩薩は〈偉大な徳の甲冑で身をかためている〉からこそ、菩薩とよばれるのですね、とブッダに対して自分の思うところを述べます。

【サンスクリット原文和訳】

そこでスブーティ尊者は尊師に次のように言った。

「〈偉大な〔徳の〕甲冑に身をかためている〉〈偉大な〔徳の〕甲冑に身をかためている〉といわれますが、〈求道者・偉大な人〉はどれほど甲冑に身をかためているのですか？」

尊師は答えられた。

「スブーティよ。この世で〈求道者・偉大な人〉は次のように思うのである。『わたしは、量り切れないほど多くの人々に完全なニルヴァーナを得させなければならない。わたしは、無数に多くの人々を完全なニルヴァーナのうちに導かなければならない』と。しかし完全なニルヴァーナのうちに導き入れられる人々というものは〔じつは〕存在しないのである。

かれは、それほどの（無数に多くの）人々を完全なニルヴァーナのうちに導き入れるが、しかし、完全なニルヴァーナに達したり、また完全なニルヴァーナのうちに導き入れられる人は、決して存在しないのである。それはなにゆえであるか？〔譬喩としての〕幻の本性を取り上げて考えてみると、これがもろもろのことがらの本性なのであるから。

たとえば、巧みな幻術師あるいは幻術師の弟子が、大道の交叉点で、大勢の人々をつくり出して見せたとしよう。そしてかれは、つくり出したあとで、その大勢の人々を消失させたとしよう。スブーティよ。おまえはそのことをどう考えるか？　その場合に、だれかが、だれかによって、害され、殺され、滅ぼされ、消されたのであろうか？」

スブーティは答えた。

「そうではありません。尊師よ」。

尊師は説かれた。

「ちょうどそのように、〈求道者・偉大な人〉は、無量・無数の人々を完全なニルヴァーナに導き入れるが、しかし、いかなる人も〔じつは〕完全なニルヴァーナに達することもないし、また完全なニルヴァーナに導き入れられることもないのである。スブーティよ。もしも〈求道者・偉大な人〉が、この説明が説かれているのを聞いて、驚かず、おそれず、驚愕に陥らないならば、まさにそれほどの〔大きな〕ことによって、この人は〈偉大な〔徳の〕甲冑によって身をかためた求道者・偉大な人〉であると知るべきである」。

そのときスブーティ尊者は、尊師にこのように言った。

「尊師よ。わたしが尊師の仰せられたことを理解しているところによると、この〈求道者・偉大な人〉は、甲冑で身をかためてはいないのだ、と知るべきでしょう」。

尊師は言われた。

「まさにそのとおりだ。スブーティよ。まさにそのとおりだ。この〈求道者・偉大な人〉は、甲冑で身をかためてはいないのだ、と知るべきであろう。それはなにゆえであるか? そのわけは、〈全知者であること〉は、作られず、変化せず、造り出されることがないからである。それらの人々のために、この〔〈求道者〉が〕甲冑に身をかためたところのその人々もまた、作られず、変化せず、造り出されることがないからである」。(Wogihara *As.*, pp.87–90)

プールナの理解に対して、スプーティがあらためて〈偉大な徳の甲冑で身をかためている〉

とはどういうことかをブッダにたずねます。

するとブッダは、菩薩は多くの人々を完全なニルヴァーナに導き入れるけれども、じつはだれひとりとして導き入れてはいないのであると答えられます。『金剛般若経』と同じように、『八千頌般若経』にもこのような逆説的表現があちこちに見られます。

なぜ導き入れるということがないのかと言えば、導き入れられる人々というのは、幻のごとく、その実体はつかめないからです。ですから、〈偉大な徳の甲冑で身をかためている〉菩薩とは、多くの人々を完全なニルヴァーナに導き入れながら、だれひとりとして導き入れてはいないのであるということを聞いて、恐れ驚くことのない人のことなのです。

さらに〈偉大な徳の甲冑で身をかためている〉菩薩も、じつのところは甲冑で身をかためていないのであるというのです。

このようなことが説かれたあと、いよいよ大乗とはなにかということが説き示されます。

【サンスクリット原文和訳】

そのときスブーティ尊者は、尊師に次のようにたずねた。

「尊師よ。〈求道者・偉大な人〉はこのように、偉大な甲冑に身をかためて、大乗に入って進み、〈大きな乗り物〉に乗っているのですが、その〈大乗〉とはなんのことなのですか？　またどのようにして〈大乗〉に入って進んでいるのだと知るべきでしょうか？　またその〈大乗〉はどこから出てくるのでしょうか？　またなににたよってその大乗に入って進んで行くのでしょうか？　またその大乗は、どこに安立するのでしょうか？　またこの大乗によってだれが進んで行くのでしょうか？」

このように問われたときに、尊師はスブーティ尊者に次のように言われた。

「スブーティよ。〈大乗〉というのは、〈測られないこと〉（aprameyatā）の名称なのである。〈測られない〉というのは、〔その徳が〕量られないからである。

おまえは、『またどのようにして〈大乗〉に入って進んでいるのだと知るべきでしょうか？　またその〈大乗〉はどこから出てくるのでしょうか？　またなににたよってその大乗に入って進んで行くのでしょうか？　またその大乗は、どこに安立するのでしょうか？　またこの大乗によってだれが進んで行くのでしょうか？』と問うたが、〔求道者は、六つの徳の〕完成によって〔大乗に入って〕進んで行くのである。〔求道者は〕三界のことがらから出て行くのであり、よりどころのあるところに入って進んで行くのであり、〈全知者であること〉のうちに安立するであろう。〈求道者・偉大な人〉は〔この大乗によって〕出て行くであろう。

しかもなお、かれは、どこからも出て行かないであろう。なにものにたよっても〔その大乗に〕入って進んで行くことはないであろう。かれはどこにも安立しないであろう。しかし〈どこにも住しない〉

という道理によって、かれは〈全知者であること〉のうちに住するであろう。しかしながら、だれも、その大乗によって過去に出て行った者はいなかったし、未来にも出て行く者はいないであろう。現在においてもだれも出て行かないのである。

それはなにゆえであるか？　出て行く人も、出て行くための乗り物も、この二つのものがともに存在しないし、またありとは認識されないからである。

このように、一切のものが存在しないのであるから、なにものが、なにものによって出て行くであろうか？　スブーティよ。〈求道者・偉大な人〉が、偉大な甲冑に身をかためて、大乗に入って進み、〈大きな乗り物〉に乗っているというのは、このようなことなのである」。(Wogihara As., pp.94;98;104-105)

大乗というのは〈大きな乗り物〉です。

ふつう乗り物というと、それに乗る人と乗る物を考え、またどこからどこへ乗っていくか、などといろいろなことを考えますが、結論として、乗る人も、乗る物も、じつは二つとも無く、また認識されないということが説かれます。それはなぜかというと一切のものが存在しない空だからです。

スブーティは、虚空の喩えをもって次のように説明します。

【サンスクリット原文和訳】

このように言われたので、スブーティ尊者は尊師に次のように申し上げた。

「尊師よ。〈大乗〉〈大乗〉といわれますが、〔その大乗は〕神々・人間・阿修羅をともなうこの世間に打ち克って、出て行くでしょう。その〔乗り物は〕虚空にも等しく、きわめて偉大であるがゆえに〈大乗〉なのです。ちょうど虚空のうちには無量・無数の人々を容れる余地があるように、この〔〈大乗〉という〕乗り物のうちには無量・無数の人々を容れる余地があります。尊師よ。この〔乗り物〕は、このようなしかたによって、〈求道者・偉大な人々〉にとって〈大きな乗り物〉〔大乗〕なのです。その〔乗り物の〕来ることも見られません。その〔乗り物の〕出てくることも見られません。その〔乗り物の〕出て行くことも見られません。その〔乗り物の〕とどまることも見られません。こういうわけで、この大乗にとっては、過去の時期も認識されません。また未来の時期も認められません。また中間も認められません。むしろその乗り物は〔過去・現在・未来を通じて〕同一なのです。それゆえに、偉大な乗り物は〈大乗〉とよばれるのです」。

そのとき尊師はスブーティに、みごとだ、と言って、承認された。

「みごとだ。みごとだ。スブーティよ。そのとおりである。そのとおりである。こういうわけで、この〔乗り物は〕もろもろの〈求道者・偉大な人々〉の偉大な乗り物なのである。もろもろの〈求道者・偉大な人々〉は、このことを学んで、〈全知者である境地〉に到達したのであり、未来にも到達するであろうし、現在にも到達するのである」。(Wogihara *As.*, pp.106-108)

すべてが空であるからこそ慈悲が実現されます。固定的な全然異なった二つの存在のあいだには、とけ合うということがないから、慈悲は起こり得ません。仏教の政治理想も空の思想に基づいているのですが、それは空の境地に成立するのです。

〈空〉を象徴する譬喩

〈空〉の教えは当時の人々にはなかなか理解しがたいものであったらしく、さまざまな譬喩によって教えが述べられています。「一切のものは、幻のごとく、夢のごとくである」ということは、般若経典のとくに強調するところです。

【サンスクリット原文和訳】

そのとき〔インドラを主神とする〕神々はスブーティ尊者に次のように問うた。

「立派なスブーティさまよ。それらの生きもの（衆生）が幻（māyā）のようなものではあるけれども、幻そのものではないのは、なぜですか？」

このように問われて、スブーティ尊者はその神々に次のように答えた。

「神々よ。それらの生きものは幻のようなものです。それらの生きものは夢のようなものです。じつにこのように、幻と生きものとは不二なのです。別のものではありません。このように、夢と生きものとは、不二なのです、別のものではありません。神々よ。一切のことがらもまた、幻のごとく、夢のごときものなのです。聖者の流れに入った者（預流向《よるこう》）もまた幻のようなものであり、夢のようなものなのです。聖者の流れに入って得た結果（預流果）もまた幻のようなものであり、夢のようなものなのです。同様にひとたび還って来る者（一来向）も、ひとたび還って来る者としての結果（一来果）も、もはや還って来ない者（不還向《ふげんこう》）もまた、幻のようなものであり、夢のようなものなのです。独りさとりを開く者の境地もまた幻のようなものであり、夢のようなものなのであります。完全なさとりを開いた人（仏）もまた幻のようなものであり、夢のようなものなのです。完全なさとりを開いた人の境地もまた幻のようなものであり、夢のようなものなのです」。

そこで神々はスブーティ尊者に次のように言った。

「スブーティ聖者さまよ。完全なさとりを開いた人（仏）も幻のようなものであり、夢のようなものである、と、あなたはいわれるのですか？　完全なさとりを開いた人の境地もまた幻のようなものであり、夢のようなものである、と、あなたはいわれるのですか?」

スブーティは答えた。

「神々よ。ニルヴァーナも幻[1]のようなものであり、夢[2]のようなものである[3]、と、わたしはいいます。他のことがらについては、なおさらです」。

神々はたずねた。

「スブーティ聖者さまよ。ニルヴァーナでさえも幻のようなものであり、夢のようなものである、と、あなたはいわれるのですか?」

スブーティ尊者は答えた。

「ですから、神々よ。もしもニルヴァーナよりもさらにすぐれた、なにかしら他のあるものが別に存在するのであるならば、そのものでさえも、幻のようなものであり、夢のようなものである、と、わたしはいうでしょう。こういうわけで、マーヤーとニルヴァーナとは不二であり、別に分けられることはないのです。こういうわけで、夢とニルヴァーナとは不二であり、別に分けられることはないのです」。

(Wogihara *As.*, pp.158–160)

注

(1) 幻——衆生も世界現象もすべて仏のマーヤーによってつくり出されたものである。救うということも仏のマーヤーである(*Bhadra-māyākāra-vyākaraṇa*)。

ここからシヴァ教の〈戯れる神〉の観念が出てくる（Stanislav Schayer, *Vorarbeiten zur Geschichte der mahāyānistischen Erlösungslehren*, München, 1921, S.53–54)。やや突飛な見解のように思われるかもしれないが、このように関係づけることも可能であろう。

（2）夢――夢も一種の実在性をもつと考えられていた（*Bṛhad-Up.*, IV, 3, 9)。

（3）『八千頌般若経』の「夢のごとく、幻のごとし」という説法は、*Prasannapadā*, pp.449–450 に引用されている。

あらゆる現象が実体性をもたない

空観の立場からというと、仏が新たにさとりを開くということはありえません。人はすでに本来さとっているのです。ですから、「新たにさとりを開く」ということもありません。このような自覚に基づく実践的認識を〈智慧の完成〉（prajñā-pāramitā 般若波羅蜜）と称するのです。

【サンスクリット原文和訳】

このように言われたときに、神々の主であるシャクラ（帝釈天）はスブーティ尊者に次のように言った。

「聖者であられるスブーティさま！　この〈智慧の完成〉というのは偉大な完成であります。この〈智慧の完成〉というのは、量ることのできない完成であります。この〈智慧の完成〉というのは、無量なる完成であります。この〈智慧の完成〉というのは、無限なる完成であります」。

スブーティ長老は言った。

「そのとおりです。カウシカ（帝釈天）よ。そのとおりですとも。この〈智慧の完成〉というのは、偉大な完成であります。この〈智慧の完成〉というのは、量ることのできない完成であります。この〈智慧の完成〉というのは、無量なる完成であります。この〈智慧の完成〉というのは、無限なる完成であります。

それはなぜであるか、といいますと、物質的形態が偉大であるがゆえに、この〈智慧の完成〉というのは偉大な完成なのであります。カウシカよ。感受作用、表象作用、形成作用についても同様であり、さらに識別作用が偉大であるがゆえに、この〈智慧の完成〉というのは偉大な完成なのであります。物質的形態が量ることができないがゆえに、この〈智慧の完成〉というのは、量ることのできない完成であります。感受作用、表象作用、形成作用についても同様であり、識別作用が量ることができないものであるがゆえに、この〈智慧の完成〉というのは、量ることのできない完成なのであります。物質的形態が無量であるがゆえに、この〈智慧の完成〉というのは、無量なる完成であります。感受作用、表象作用、形成作用についても同様であり、識別作用が無量であるがゆえに、この〈智慧の完成〉というのは、無量なる完成であります。物質的形態が無限であるがゆえに、この〈智慧の完成〉というのは、無限なる完成であります。感受作用、表象作用、形成作用についても同様であり、識別作用が無限であるがゆえに、この〈智慧の完成〉というのは、無限なる完成であります。

〔しかし〕カウシカよ。〈求道者・偉大な人〉は、このように偉大な完成であるからといって執着すること[1]はありません。このように量ることのできない完成であるからといって執着することはありません。このように無量なる完成であるからといって執着することはありません。このように無限なる完成であるからといって執着することはありません。

カウシカよ。それゆえにこそ、この〈智慧の完成〉なるものは、偉大な完成であり、量ることのできない完成であり、無量なる完成であり、無限なる完成なのであります。

カウシカよ。認識の対象[2]が無限であるがゆえに、この〈智慧の完成〉というものは、無限なる完成なのであります。また生存者（sattva）が無限であるがゆえに、この〈智慧の完成〉というものは、無限なる完成なのであります。

では、認識の対象が無限であるがゆえに、この〈智慧の完成〉というものが、無限なる完成であるというのは、どうしてであるか？　カウシカよ。なんとなれば、すべてのことがらには、始めも、中間も、終わりも認識されないからであります。それだからこそ、この〈智慧の完成〉というものは、無限なる完成なのであります。この道理によって、この〈智慧の完成〉というものは、無限なる完成なのであります。

また、カウシカよ。すべてのことがらは無限であり、無辺であるからこそ、それらのものには、始めも、中間も、終わりも認識されないのであります。それゆえに、この〈智慧の完成〉というものは、無限なる完成なのであります。

それはなにゆえであるか？ 物質的形態については、始めも、中間も、終わりも認識できません。感受作用、表象作用、形成作用についても同様であります。そうして識別作用についても、始め、中間、終わりは認識できません。この道理によって、認識の対象が無限であるから、この〈智慧の完成〉というものは、無限なる完成なのであります。

また、カウシカよ。生存者は無限、無辺です。それはなにゆえであるかというと、生存者にとっては、始めも、中間も、終わりも認識されないからです。それゆえに、生存者が無限であることによって、この〈智慧の完成〉というものは、無限なる完成なのであります」。(Wogihara *As.*, pp.174-177)

注

(1) 執着する―― abhiniveśa＝bandhana（*AAA.*, p.175, *ll.* 23–24).

(2) 認識の対象――原文には āranbaṇa とある。ただし *AAA.*, p.176, *l.* 12 では ālambana と書きかえている。

智慧の完成というのは、あらゆる現象が実体性をもたない、空であるという教えです。大乗仏教の一部ではこの方向を徹底させました。罪そのもの、罪の実体（罪性《ざいしょう》）は空であるといいます。たとえば『維摩経』は「かの罪性は内に在《あ》らず、外に在らず、中間に在らず。（中略）如を出《いで》ず」（㊅一四巻五四一中）と説いておりますし、『維摩経』に聖徳太子が注釈をほどこした『維摩経義疏』にも「定んで罪性有りて過去に入ると説くことなし」（㊅五六巻五一中）と述べられています。またこの道理を『観普賢経』は「罪福に主無し」（㊅九巻三九二下）という句で表現しています。

空《くう》の別名

『八千頌般若経』によると、〈空〉の別名を〈深遠〉（gambhīra）といいます。〈深遠〉（甚深）というのは、すでに原始仏教において〈縁起〉の理法を讃歎して述べた修飾語でしたが、ここでは〈空〉に関していわれているのです。

【サンスクリット原文和訳】

そのときスブーティ尊者は、尊師に次のように申し上げた。

「すばらしいことです。求道者・偉大な人が偉大な徳性をそなえていることは。尊い方よ。求道者・偉大な人は、量り知れない徳性をそなえています。求道者・偉大な人は限りない徳性をそなえています」。

このように言われて、尊師はスブーティ尊者に次のように言われた。

「そのとおりです。スブーティよ。そのとおりです。それはなぜであるか？　不退転の求道者・偉大な人は、限りなくはてしのない英知を体得していて、いかなる忠実な弟子（śrāvaka）も独善的修行者（pratyekabuddha）も、それを奪うことができないからである」。

スブーティが言った。

「尊師よ。尊師は、不退転の〈求道者・偉大な人〉のかたち、しるし、相を、ガンジス河の砂の数ほどの多くの劫にわたって説きつづけることがおできになります。ですから、〈求道者・偉大な人〉のもっている、〈智慧の完成〉をそなえている、いとも深遠な境地をお示しください」。

このように言われたので、尊師はスブーティ尊者に、次のように仰せられた。

「みごとだ、みごとだ、スブーティよ。おまえはいとも深遠な境地について理解しようと望んでいるのだね。(1)〈深遠である〉ということは〈空であること〉の同義語なのである。〈深遠である〉ということは、しるしのないこと（無相）、願望を離れること（無願）、つくり出さないこと、起こらないこと、生じないこと、無、欲を離れること、止滅、ニルヴァーナ、離れ去ることの同義語なのである」。

スブーティがたずねた。

「尊師よ。これ〈深遠であること〉は、ただそれらのことがらだけの同義語なのであって、すべてのことがらの同義語ではないのですね」。

尊師は答えた。

「〈深遠である〉ということは、あらゆることがらの同義語なのである。それはなぜであるか？　スブーティよ。物質的形態は深遠な意味深いものである。〔人間の〕感受作用も、表象作用も、形成作用[2]も、識別作用も、同様に深遠な意義深いものである。では、どうして物質的形態が深遠な意義深いものであるのか？　どうして感受作用、表象作用、形成作用が意義深い深遠なものであるのか？　どうして識別作用が意義深い深遠なものであるのか？　スブーティよ。ものの真相（tathatā 真如）が〔意義深い深遠なものである〕ように、物質的形態もそのように意義深い深遠なものなのである。感受作用、表象作用、形成作用も同様である。ものの真相のように、識別作用も同様に意義深い深遠なものである」。

（Wogihara *As.*, pp.695–697）

注

（1）理解しようと望んでいる―― nigamayitu-kāmaḥ = pratipādayitu-kāmaḥ（*AAA.*, p.696, *ll.* 22–23).

（2）形成作用―― saṃskārāḥ. "die Willensakte" (Winternitz, *op. cit.* S.68).「意欲作用」と訳すべきか？

ここでは絶対空の境地を真如（tathatā）とよんでいます。それは〈かくのごときこと〉という意味ですが、「ありのままのすがた」を意味します。

【サンスクリット原文和訳】

「スブーティよ。その点について、物質的形態の真相と同様に、物質的形態も意義深い深遠なものである。感受作用の真相、表象作用の真相、形成作用の真相と同様に〔感受作用、表象作用、形成作用も、意義深い深遠なものである〕。識別作用の真相と同様に、識別作用は意義深い深遠なものである。

スブーティよ。物質的形態のないところ、――そこが物質的形態の意義深い深遠さなのである。感受作用、表象作用、形成作用、識別作用のないところ、――そこが感受作用の、表象作用の、形成作用の、識別作用の、意義深い深遠さなのである」。

スブーティが申し上げた。

「尊師よ。すばらしいことです。これほどまでに及ぶ絶妙な手だてによって物質的形態から〔活動のはたらきが〕除かれて、ニルヴァーナが示されたとは。また感受作用、表象作用、形成作用についても同様です。そしてこれほどまでに及ぶ絶妙な手だてによって意識作用から〔活動のはたらきが〕除かれて、ニルヴァーナが示されたとは」。

尊師は言われた。

「スブーティよ。〈智慧の完成〉をそなえているこれらの境地は、いとも深遠なものである」。

(Wogihara *As.*, pp.698-699)

また〈空〉の境地は、〈無量〉、〈無相〉、〈無願〉と表示されます。〈無相〉と〈無願〉は原始仏教以来説かれていることであり、〈無量〉ということも実質的にはすでに種々の語をもって説かれていました。

【サンスクリット原文和訳】

スブーティがたずねた。

「ところで、尊師よ。〈無量〉(aprameya)ということは、なにものの名称なのですか?」

尊師は答えた。

「スブーティよ。〈無量〉ということは、〈空であること〉(śūnyatā)の名称なのである。〈無量〉ということは、〈無相〉(特徴の無いこと animitta)の名称なのである。〈無量〉ということは、〈無願〉(願望の無いこと apraṇihita)の名称なのである」。

スブーティがたずねた。

「尊師よ。〈無量〉ということは、唯だ〈空であること〉だけの名称であり、また〈無量〉ということは、唯だ〈無相〉ということだけの、あるいは〈無願〉ということだけの名称であって、他のことがらの名称ではないのですか？」

尊師は言われた。

「スブーティよ。おまえはどう思うか？〈一切のことがらは空である〉と、わたしは説いたではないか？」

スブーティは答えた。

「尊師よ。〈一切のことがらは空である〉と、如来はお説きになりました」。

尊師は言われた。

「空（śūnya）であるところのものどもは、不滅（akṣaya）である。そうして〈空であること〉（śūnyatā）とは、すなわち〈無量であること〉（aprameyatā）でもある。それゆえに、これらのことがら（〈無願であること〉など）[1]には、意義の上からは、相違も区別も認められないのである。

スブーティよ。〈無量〉であるとか、〈無数〉であるとか、〈不滅〉であるとか、〈無相〉であるとか、〈無願〉であるとか、〈形成しないこと〉であるとか、〈起こらないこと〉であるとか、〈生じないこと〉であるとか、〈無〉であるとか、〈欲望を離れること〉であるとか、〈止滅〉であるとか、〈ニルヴァーナ〉であるとかとして如来が説かれ話されたこれらのことがらは、唯だ言説（abhilāpa）のみにすぎない。このことは、修行完成者・敬われるべき聖者・完全なさとりを開いた人によって、説法を顕揚するため

の説明として説かれたのである」。(Wogihara *As.*, pp.708–710)

注

(1) これらのことがら(〈無願であること〉など) —— eṣām. eṣām ity asaṃkhyeyādīnām (*AAA.*, p.709, *l.* 23).

この絶対の境地は言語で表現することのできないものです。

【サンスクリット原文和訳】

スブーティが言った。

「尊師よ。すばらしいことです。一切のことがらの本性が、修行完成者・敬われるべき聖者・完全なさとりを開いた人によって、これほどまでに説かれたのに、しかも一切のことがらの本性がことばによっては表現できないものであるとは。尊師がお説きになったことがらをわたしが理解するところによれば、一切のことがらもまたことばでは表現できないのです」。

尊師は言われた。

「そのとおりである。スブーティよ。そのとおりである。一切のことがらもまた、ことばでは表現できないのだ。それはなぜであるか? 一切のことがらの〈空であること〉(śūnyatā) は、ことばで表現することができないからである」。(Wogihara *As.*, p.710)

ところで、このような思想を何とよんだらよいのでしょうか？　西洋の学者はこれを〈ニヒリズム〉とよんでいますが、はたして、それだけに尽きるものでしょうか？

空の実践的意味――その比較思想的評価

究極の実体というものは概念作用をもって把握することができない、という見解は、西洋でも東洋でもかなり古くからあらわれています。実在の境地は把捉され得ない、ことばでは表現され得ない、という思想はウパニシャッドにもあります。仏教にも継承され、ことに中観派がそれをさかんに強調しました。インドの正統哲学のほうでは、ヴェーダーンタ学派がありま す。西洋のほうでは、空《くう》ということばは使わなかったようですが、究極の真理はことばでは表現されないという思想は、いろいろの哲人によって述べられています。新プラトーン派、とくにプロクロス、ダマスキオス。キリスト教へ入ってくるとグノーシス派のオリゲネース、ディオニュシオス・アレオパギタなどです。ことにディオニュシオス・アレオパギタの『神秘神学』という書は、『般若心経』のキリスト教版であるという批評もあります。

ところで、この空《くう》は実践的にはどういう意味があるのでしょうか。あらゆるものに本体がない、実体がないというのでは、すべてを否定することになります。それは虚無論者（ニヒリスト）になるのではないでしょうか。こういう非難がすでに古代インドにもありました。空論者は虚無論者（nāstika）であると非難されたのです。

これにたいして、中観派の書は次のように答えています。あるいは、大乗仏教一般がいうことです。

「空の教義は虚無論を説くのではない。そうではなくて、空はあらゆるものを成立せしめる原理である。それは究極の境地であるとともに実践を基礎づけるものである。もろもろの倫理的価値を成立させる真の基底である」。

空のなかにはなにもありません。であるからこそ、あらゆるものがそのなかから現れてくるのです。たとえていうなら鏡のようなものです。鏡のなかにはなにものも存在しません。だからこそ、あらゆるものを映し出すことが可能なのです（そこで「大円鏡智」という表現が成立します）。

空は、すべてを包容します。それに対立するものがありません。空というものは、なにもないことであると同時に、存在の充実です。あらゆる現象を成立せしめる基底です。それは生きている空です。あらゆる形がそのなかから出てきます。そこで、空を体得した人は生命と力に満たされて、いっさいの生きとし生けるものにたいする慈悲をいだくことになります。

慈悲と空とは、実質的には同じです。哲学面から見ると空ですが、実践面からいうと慈悲になります。われとなんじが相対しているとき、そこに隔てがあるかぎり、われとなんじの対立はいつまでも残っています。けれど、その根底にある空の境地に立って自分の身を相手の立場に置いて考えるようにすると、そこから、ほんとうの意味の愛が成立します。それを仏教では「慈悲」とよんでいます。「慈悲」ということを、仏典ではまれに「愛」ということばで表現している場合もありますが、愛の純粋化されたものが慈悲である、ということがいえます。世俗の愛は、いろいろな要素がまといついています。純粋の愛というものは、不純物がありません。われわれが空の境地を体得すると、よい行いがおのずから現れでてきます。

空の実践というものは、闊達な境地に立って行われます。こだわるところがありません。この点で、虚空の譬喩《ひゆ》がしばしば仏典のなかに出てきます。空の境地は、抽象的には論議できますが、身にひしひしと体得するにはやはり喩えが必要です。そのために「虚空」というものを考えるわけです。

道元禅師に、

水鳥の行くもかえるも跡たえて　されども道は忘れざりけり（『傘松道詠』）

という和歌があります。空であるからこそ実践が成立する、ということを、もっとも適切に表現しています。ほんとうの実践というのは、水鳥が大空を自由にかけめぐるような、なんら滞りのないものです。これが願わしい境地です。

仏教の術語では、とらわれのない実践のことを「三輪清浄」といいます。物心の別なく、人が人を援助する場合には、与える人（施者）、それを受ける人（受者）、そのあいだにあって渡されるもの（施物）、——この三つが考えられます。この三つが清らかでなければなりません。「おれがあいつにこういうことをしてやったんだ」と思っているあいだは、「おれが」という意識が滞っています。「あいつに」というその思いが残っています。「こういうことをしてやったんだ」というそのとらわれがあります。そういうことをすっかり離れてしまって、清らかな境地になって、人を助けるというところに、ほんとうの意味の実践があるのです。そこにおいてはなんらとらわれることがなくて、しかも道にはずれることがありません。

道元禅師の和歌にあるように、飛ぶ鳥は大空のどこを飛んでもいいのだけれども、「されども道は忘れざりけり」、決して道を忘れません。それと同じで、われわれは自由の境地になると何でも思うままにでき、しかも道を忘れません。道元禅師は水鳥の喩えでいいあらわしましたが、近年の哲学者としてインドの大統領になったラーダークリシュナン博士は、この境地を非常に現代的な、日常的な喩えで説明しています。ドライヴィングを習うときに、初めのうちはああしてはいけない、こうしなければならないという規則がたくさんあり、それにしょっちゅう気をとられています。けれども、なれてくると、おのずからドライヴィングが身について、自分ではたいして意識していなくても、決して規則に反したことをしないようになります。そこまでいくのが願わしい。空の境地もそれと同じだというのです。初めの実践においては、こういうことをしてはいけない、こうしなければいけない、と思ってみずからつとめます。究極の境地に達すると、自由の境地に達したのでありながら、しかも、決してのりにはずれたことはしないようになります。これが空の実践の理想なのです。

こういう空という観念は、東洋の哲学思想あるいは倫理思想においては、まったく独自なものです。西洋でそれに対応するものがあるかどうかという問題ですが、真理は否定的なものとしてのみ表現され得るものであると考えたという点では、西洋の否定神学がそれに近いでしょう。

そのほか、西洋の神秘家のなかから空に相当する表現を突きとめてみようとした学者がいます。それによると、神の砂漠とか、ロイスブルークのたいらの空虚、エックハルトの言った何《なん》人《びと》も落ちつくことのできない静かな曠野、赤裸なる祈り、神に至らんとする赤裸なる志、あるいは深淵、というような観念が対応するものであろうということです。この点で、仏教はひじょうに徹底した考えをもっていたということができます。

中国思想のなかでそれに多少とも近いものはなにかと思って考えてみると、さしずめ考えられるのは老荘思想の「虚無」です。仏教が中国に移入されたころの指導者は、「空」と「虚無」とを同一視して考えていました。たとえば、阿弥陀仏を讃えた経典のなかに、

「顔貌端正超世希有、容色微妙非レ天非レ人。皆受二自然虚無之身無極之体一」（『大無量寿経』㊅一二巻二七二下）

と説いています。「虚無」と「空」とは決して同一ではありません。「空」というのは、有と無の対立をこえたものです。ですから、中国で仏教がさかんになると、仏教を老荘思想に近づけて説く必要がなくなりました。そこで、「虚無」ということばは、仏教者のあいだではおのずから使われないようになったのです。

この否定というのは、滞っている否定であってはなりません。否定もまた否定されなければなりません。動く否定であってこそ、空は働くものです。空もまた空じられなければならないのです。仏教では「空亦復空」（空もまた空なり）ということばがあります。空という観念を

もってきてこんなものだと思って滞っていると、またそこにひとつの偏執がおこります。その空もまた空じられるという、たえざる否定の動きによって実践が生かされてくるのです。この性格が、中国・朝鮮・日本の仏教、ことに天台の教義では、「空もまた空なり」ということをさかんに強調します。その論理を通って、日本の仏教諸宗派の教義においては、現実肯定の立場が出てくるわけです。

〈空〉の観念はわれわれ日本人のあいだにも生きています。

越前の朝倉義景は織田信長に敗れて、天正元年（一五七三）に一乗谷を捨て、逃れてついに自害しますが、その辞世の偈は次のようなものでした。

「七顚八倒　四十年中　他なく自なし　四大もと空」

こういう人生観は、現代においても、日本人のうちのどこかに生きているように思われます。

探究

1 『般若心経』の究明

2 全訳『金剛般若経』(漢訳書き下し文対照)

1 『般若心経』の究明

(1) 小本『般若心経』

①サンスクリット原文テクスト

Namas Sarvajñāya

āryāvalokiteśvaro[1] bodhisattvo gaṃbhīrāyāṃ prajñāpāramitāyāṃ caryāṃ caramāṇo vyavalokayati sma: pañca skandhās, tāṃś ca svabhāva-śūnyān paśyati sma.

iha Śāriputra rūpaṃ śūnyatā, śūnyataiva rūpam. rūpān na pṛthak śūnyatā, śūnyatāyā na pṛthag rūpam. yad rūpaṃ sā śūnyatā, yā śūnyatā tad rūpam. evam eva vedanā-saṃjñā-saṃskāra-vijñānāni.

iha Śāriputra sarva-dharmāḥ śūnyatā-lakṣaṇā anutpannā aniruddhā amalāvimalā[2] nonā na paripūrṇāḥ. tasmāc Chāriputra śūnyatāyāṃ na rūpaṃ na vedanā na saṃjñā na saṃskārā na vijñānaṃ[3], na cakṣuḥ-śrotra-ghrāṇa-jihvā-kāya-manāṃsi, na rūpa-śabda-gandha-rasa-spraṣṭavya-dharmāḥ, na cakṣur-dhātur yāvan na mano-vijñāna-dhātuḥ.

na vidyā nāvidyā na vidyā-kṣayo nāvidyā-kṣayo[4] yāvan na jarā-maraṇaṃ na jarā-maraṇa-kṣayo na duḥkha-samudaya-nirodha-mārgā, na jñānaṃ na prāptiḥ.

tasmād aprāptitvād[5] bodhisattvānāṃ[6] prajñāpāramitām āśritya viharaty acittāvaraṇaḥ. cittāvaraṇa-nāstitvād atrasto viparyāsātikrānto niṣṭha-nirvāṇaḥ. tryadhva-vyavasthitāḥ sarva-buddhāḥ prajñāpāramitām āśrityānuttarāṃ samyaksambodhim abhisambuddhāḥ.

tasmāj jñātavyaṃ[7] prajñāpāramitā-mahā-mantro mahā-vidyā-mantro 'nuttara-mantro 'samasama-mantraḥ, sarva-duḥkha-praśamanaḥ satyam[8] amithyatvāt.[9] prajñāpāramitāyām ukto mantraḥ, tad yathā:

gate gate pāragate pārasaṃgate bodhi svāhā.

iti Prajñāpāramitā-hṛdayaṃ samāptam.

注

（1）法隆寺本などに従ってマックス・ミュラーなどは -°teśvara-bodhi-° と記すが、今は玄奘本によった。この二語の間を切って記すのが、大乗仏典としては一般的である。

（2）マックス・ミュラーは amalā na vimalā と読むが、どの写本にも典拠がない。

（3）na saṃskārā na vijñānaṃ と読むのは、玄奘本その他写本の裏づけがあり、また般若経典類一般の読み方でもある（e.g. *Aṣṭasāhasrikā*, in *Abhisamayālaṃkārāloka*, ed. by U. Wogihara, p.141)。

（4）願海本、宋本などからみると、この一句はもとは nāvidyā nāvidyākṣayo とあったと白石真道教授は推定されている。この一段は十二因縁の各支を否定したものであるから、「明」「明尽」を説く必要はないわけである。ただ「無明」の相反語として「明」を加えたのであろう。もっとも「明」や「明尽」を加えることは、法隆寺本や玄奘本に見られるから、ひじょうに古い時代から行われていたことがわかる。

（5）以上は玄奘本による。榊亮三郎博士（『解説梵語学』二四九ページ）は大本に従って aprāptitvena とする。

（6）玄奘本およびその系統の諸写本による。日本の諸写本には bodhisattvasya とある。一六三ページ注（30）参照。

（7）マックス・ミュラーは jñātavyo と記すが、すべての写本に jñātavyam となっている。以下の主語の性と一致しないので、ミュラーはこのように改めたのであろうが、このような不一致はむしろ初期の大乗仏典の特徴の一つであろう（cf. F. Edgerton : *Buddhist Hybrid Sanskrit Grammar*, p.40, §6. 14)。

（8）この一節の原文は法隆寺貝葉《ばいよう》本には satyam amithyatvāk とあるが、マックス・ミュラーは satyam amithyatvāt と修正し、it is truth, because it is not false と英訳している。この原文修正には問題があるが、このテクスト並びに邦訳も一応これに準じている。漢訳では大正蔵経では、玄奘訳には「真実不虚故。説般若……」と区切ってあるが、施護訳、敦煌出土本、法成訳以外はすべて、「真実不虚。故説」となっている。チベット訳には「不虚妄にして真実であると知らねばならぬから」(mi brdzun pa daṅ bden par śes byas te) となっている。

（9）古典サンスクリット語なら amithyātva であるが、仏教梵語では短い amithyatva も使われる（F. Edgerton : *Buddhist Hybrid Sanskrit Dictionary*, p. 432, s.v. mithyatva)。

②現代語訳

全知者である覚った人(1)に礼したてまつる。

求道者(2)にして聖なる観音は、深遠な智慧の完成を実践していたときに、(3)存在するものには五つの構成要素があると見きわめた。しかも、かれは、これらの構成要素が、その本性からいうと、実体のないものであると見きわめた(4)のであった。

シャーリプトラ(5)よ。

この世においては、(6)物質的現象には実体がない(7)のであり、実体がないからこそ、物質的現象で〔ありうるので〕ある。

実体がないといっても、(8)それは物質的現象を離れてはいない。また、物質的現象は、実体がないことを離れて物質的現象であるのではない。

〔このようにして、〕およそ物質的現象というものは、[9]すべて、実体がないことである。およそ実体がないということは、物質的現象なのである。

これと同じように、感覚も、表象も、意志も、認識も、すべて実体がないのである。

シャーリプトラよ。

この世においては、[10]すべての存在するものには実体がないという特性がある。生じたということもなく、滅したということもなく、汚れたものでもなく、汚れを離れたものでもなく、減るということもなく、増すということもない。

それゆえに、シャーリプトラよ。

実体がないという立場においては、物質的現象もなく、感覚もなく、表象もなく、意志もなく、認識もない。眼もなく、耳もなく、鼻もなく、舌もなく、身体もなく、[11]心もなく、かたちもなく、[12]声もなく、香りもなく、味もなく、触れられる対象もなく、心の対象もない。眼の領域から意識の識別の領域[13]にいたるまでことごとくないのである。

さとりもなければ、[14]迷いもなく、さとりがなくなることもなければ、迷いがなくなることもない。こうして、ついに、老いも死もなく、老いと死がなくなることもないというにいたるのである。

苦しみも、苦しみの原因も、苦しみを制してなくすことも、苦しみを制する道もない。知ることもなく、[15]得るところもない。[16]

それゆえに、得るということがないから、諸の求道者の智慧の完成に安んじて、人は、心を覆われることなく住している。心を覆うものがないから、恐れがなく、顚倒した心を遠く離れて、永遠の平安に入っているのである。
過去・現在・未来の三世にいます目ざめた人々は、すべて、智慧の完成に安んじて、この上ない正しい目ざめをさとり得られた。
それゆえに人は知るべきである。智慧の完成の大いなる真言、大いなるさとりの真言、無上の真言、無比[17]の真言は、すべての苦しみを鎮めるものであり、偽りがないから真実であると。その真言は、智慧の完成において次のように説かれた。

ガテー　ガテー　パーラガテー　パーラサンガテー　ボーディ　スヴァーハー

（往ける者よ[18]、往ける者よ、彼岸に往ける者よ、彼岸に全く往ける者よ、さとりよ、幸あれ。）

ここに、智慧の完成の心[19]が終わった[20]。

注

（1）全知者——原語サルヴァジュニャ（sarvajña）の訳で、一切を知る者の意である。仏の異名が八十ある中の第十四番目の名である（*Mahāvyutpatti*, 1）。全知とは内外一切の存在の様相を了知する叡智であるが、叡智そのものをさすときは、sarvajñatā または sarvajñāna を用いる。しかしここでは原文に namaḥ sarvajñāya とあり、sarvajñāya は文法上、与格（dative case）であるから、原語は明らかに sarvajña（全知者）であって、全知なる人、すなわち仏その人、をさしている。

（2）以下の本文の前に、大本の『般若心経』では相当長い文章がある。一六七ページの大本『般若心経』参照。

（3）智慧の完成を実践していたときに——原文には prajñāpāramitāyāṃ caryāṃ caramāṇo とある。直訳すると、「智慧の完成において、行を行じつつあったそのときに」となる。菩薩の行を実践することがそのまま智慧の完成を顕現していくことであるから、本文のように訳した。

（4）原文には paśyati sma とあるから、「見きわめた」と過去の行為に解したわけである。しかし池田澄達教授のテクストには

yaṅ dag par rjes su ltaḥo とあるから、現在形に、また寺本婉雅教授のテクストには……bltaḥo とあるから「如実に随見せざるべからず」となる。

(5) シャーリプトラ——その原名は Śāriputra である。釈尊の高足の弟子の一人。智慧第一といわれた。シャーリとは、さぎの一種で、プトラとは「子」という意味であるから「鶖鷺子」と訳されることがある。ここでシャーリプトラを相手にして「空」の意義を説いているわけは、シャーリプトラが伝統的・保守的仏教の指導者とみなされていたので、かれを批判しながら空の思想を述べているのである。旧仏教がシャーリプトラ主導型であったのにたいする反抗である。

(6) この世においては……——以下、物質的現象(色)と実体がないこと(空)との関係が三段に分けて説明されている。しかし、玄奘は、「色不異空空不異色」および「色即是空空即是色」の二段にしか分けていない。中インド、マガダ国の沙門法月《ほうがつ》(Dharma-candra)が七三八年に訳出した『普遍智蔵《ふへんちぞう》般若波羅蜜多心経』には、「色性是空空性是色。色不異空空不異色。色即是空空即是色」と明瞭に三段に分けられている。また唐の沙門智慧輪《ちえりん》が八四七年から八五九年の間に訳出した『般若波羅蜜多心経』にも、「色空空性見色。色不異空空不異色。是色即空是空即色」と三段になっている。さらにスタインが敦煌の石室から発見した『唐梵翻対字音般若波羅蜜多心経』には、「嚕畔 戍儞焔 戍儞也嚩嚩 嚕畔 嚕播 曩 比嘌他 戍儞也哆 戍儞也哆野 曩 比嘌他 薩 嚕畔 夜怒 嚕畔 娑 戍儞也哆 夜 戍儞也哆 娑 嚕畔」(rūpaṃ śūnyaṃ śūnyataiva rūpaṃ, rūpān na pṛthak śūnyatā, śūnyatāyā na pṛthak sa rūpaṃ, yad rūpaṃ sā śūnyatā yā śūnyatā sa rūpaṃ)と、明らかに三段に分けて記されている(sa rūpaṃ となっていて、tad rūpaṃ となっていないのは奇妙であるが、中性単数主格の指示代名詞として sa が tad の代わりに用いられることは、仏教梵語において類例がある。cf. F. Edgerton: *Buddhist Hybrid Sanskrit Grammar*, p.114, §21.10)。この梵本の序文には、「梵本般若多心経者、大唐三蔵之所訳也」と記され、インドに渡ろうとした玄奘三蔵が益州空恵寺《くうえじ》において病める僧から口授されたものであり、後に中インドのナーランダー寺においてこの病僧に再会したところ、かれは、私は観音菩薩であると玄奘に告げて中天に消えたという伝説も付記されている。この梵本が玄奘の用いた梵本に同じであるとすると、玄奘は原文に三段に分けてあったものを故意に二段に省略したということになる。この三段はいずれも同じことを言っているにすぎないという考え方もある。しかし短い心経の中で無意味に同じことを三度くり返す必要はあるまい。三段それぞれに意味があったと見るべきであろう。以下の注に、その考え方の一端を記して参考に供したい。

（7）物質的現象には実体がない……――これは三段の第一段である。玄奘には訳語がないから、智慧輪の訳語を掲げると、「色空空性見色」である。この段は、ナーガールジュナ（Nāgārjuna　竜樹　一五〇―二五〇頃）が「縁起《えんぎ》は即空《そくくう》、即仮《そくけ》、即中《そくちゅう》」と言った即空にあたる。天台大師智顗《ちぎ》の説いた「空仮中《くうげちゅう》の三諦」の空諦にあたる。物質的存在をわれわれは現象として捉えるが、現象というものは無数の原因と条件によって刻々変化するものであって、変化しない実体というようなものは全然ない。また刻々変化しているからこそ現象としてあらわれ、それをわれわれが存在として捉えることもできるのである。

（8）実体がないといっても……――「色不異空空不異色」と漢訳されている。これは第二段であり、竜樹のいう「即仮」、天台大師のいう「仮諦」にあたる。この第二段は第一段の思想的表現である。われわれとしては、実体がないという渾沌とした主客未分の世界を、唯一のもの、全一なもの、一即一切一切即一なるものとして、実感の上で摑まなければならない。しかし、そのためには、現象にまず眼を向け、仮に、これを頼りとし手掛りとしていかなければならない。現象は、実体がないことにおいて、言いかえると、あらゆるものと関係し合うことによって初めて現象として成立しているのであるから、現象を見すえることによって、一切が原因と条件によって関係し合いつつ動いているというこの縁起の世界が体得できるはずである。しかし、そのためには、たとえば、仮に、この私という現象を動かぬものと仮定しておいて他との連関を見なければならない。そのとき、この私という現象が、常に私でない他のものたちによって外から規定されつつ、現在の私とは違った私、私でない私に成りつつあることが理解される。つまり理論的に言えば、一切のものは、絶えず自己に対立し自己を否定するものによって限定されるという関係に立ち、限定されることによって自己を肯定していく働きをもっていることが理解されるのである。これがこの第二段のもつ意味である。

（9）およそ物質的現象というものは……――「色即是空空即是色」と漢訳されている。これは第三段であり、竜樹のいう「即中」、天台大師のいう「中諦」にあたる。この段は第一・第二段が体験的に摑まれた世界である。ことばによって説明しようとすれば前段にまったく同じであるが、生きた体験として実感の上で確実に摑まれた世界であるから、第二段とは千里を隔てている。賢首《げんじゅ》大師法蔵《ほうぞう》の『心経略疏《りゃくしょ》』には、「色即是空と見て、大智を成じて生死《しょうじ》に住せず。空即是色と見て、大悲を成じて涅槃《ねはん》に住せず」とある。

もちろん後世の、しかも異なった民族の出身である天台大師や賢首大師の解釈をここにもち込むことはひじょうに危険であるが、このような解釈を後世に成立せしめるにいたる萌芽は、『般若心経』のこの原典のうちにあったといえるであろう。

(10) この世においては……——原文には iha Śāriputra sarva-dharmāḥ śūnyatā-lakṣaṇā anutpannā aniruddhā とある。しかしチベット訳の原文には大本と同様、iha の代わりに evaṃ とあったので、訳者は evaṃ sati の意に解し、後の箇所を śūnyatā 'lakṣaṇā と解していた (de lta bas na chos thams cad stoṅ pa ñid de | mtshan ñid med pa | ma skyes pa | ma ḥgags pa)。

(11) 身体もなく——具体的には、身体による触感をいう。

(12) かたちもなく——具体的には、いろ (顕色) とかたち (形色) とを含めていう。

(13) 意識の識別の領域——法隆寺梵本では、原文に mano-dhātu とあり、意界と訳すべきである。しかし、漢訳、チベット訳はすべて意識界と訳し、若干の梵文写本もそのように記し、内容も十八界をいうものであるから、当然意識界であるはずである。

(14) さとりもなければ——原語 na vidyā の訳。十二因縁の系列は無明 (avidyā) から始まるのであるから、明 (vidyā) をここに入れると十三になってしまう。チベット訳にも、漢訳にも、na vidyā および na vidyā-kṣayo (さとりがなくなることもない) の二句はない。法隆寺梵本その他わが国の各梵本にこの句があるのは写し誤りであろう。今は多くの写本に従って仮に挿入しておく。

しかしこのような余分なものが付加されてアジア諸国で広く伝えられていたのは、単なる偶然の誤りではない。じつは空観の思惟そのものの論理的構造に由来する。空観の極致においては、迷いがないとともに、さとりもないのである。だからこのような余分なものが付加されたということは、深い意義をもっている。

(15) 知ることもなく――原語ナ・ジュニャーナム（na jñānam）の訳。この「知ること」は、六つの智慧の完成（一五六ページ注(8)参照）を代表してあげられた智慧波羅蜜のことだという説があるが、その智慧はプラジュニャー（prajñā）であるから、この jñāna とは違ったものである。この「知ること」は、後代の解釈によると、知る働き、さとりの智、であり、すなわち、観るもの（能観）と観られるもの（所観）というときの、観るものにあたる智である。最澄の『摩訶般若心経釈』には、「無智とは証智の無を明かし、無得とは所証の無を明かす。是の如き実際平等の法中には能所智得の分別なし」とある。また、空海の『般若心経秘鍵』には、「智は能達を挙げ、得は所証に名づく」とある。しかし、円測《えんじき》のように、「菩提を智と名づけ、涅槃を得と名づく」という説もある。

(16) 得るところもない――原語ナ・プラープティヒ（na prāptiḥ）の訳。後代の解釈によると、「知られた理法というものもない」の意となる。前注参照。

(17) 無比の――asamasama. 漢訳ではふつう「無等等」と訳し、「無等無等」の意味であって、「比類の無いこと」であると解されている。これは仏典特有の語である。チベット訳には mi mñam pa daṅ mñam pa と直訳してある。

(18) 往ける者よ……――この真言は文法的には正規のサンスクリットではない。俗語的な用法であって種々に訳し得るが、決定的な訳出は困難である。この真言は本文の内容を総括的に神秘的に表出するものであるから、古来、不翻（翻訳しない）とされている。だから漢訳もチベット訳も音写のみで、内容を訳していない。ここにはただ参考のため、一訳を掲げた。原文は、**gate gate pāragate pārasaṃgate bodhi svāhā** である。**gate** 以下の四語はおそらく **gatā** などという女性形単数の呼格（vocative）であろう。完全な智慧（prajñāpāramitā）を女性的原理とみなして呼びかけたのであろうと解される。**bodhi** も呼格である（cf. Edgerton: *op. cit.* p.71, §10. 34）。

スヴァーハーは、願いの成就を祈って、呪の最後に唱える秘語である。白石真道教授は「弥栄（いやさか）」と訳しておられる。

また gate を於格（locative）に解すると、次のようにも訳し得る。

往けるときに、往けるときに、彼岸に往けるときに、彼岸に完全に往けるときに、さとりあり、スヴァーハー。

ともかくいずれにしても pāramitā（到彼岸）という語の通俗語源解釈に従っているのである。

(19) 心——原語フリダヤ（hṛdaya）の訳である。フリダヤとは心臓の意味であるが、ここでは精髄・精要を意味する。慈恩大師も「心者堅実妙最之称」（『般若波羅蜜多心経幽賛』巻上）といい、円測は「心経正顕能詮之教、盧道之中心王独秀於諸般若、此教最尊、従論立名、故曰心也」（『般若波羅蜜多心経賛』）という。こういう用法はインド仏教では一般に行われていた。『阿毘曇心論』、『阿毘曇心論経』、*Madhyamaka-hṛdaya* などという書がある。

心臓を尊ぶ思想は、ウパニシャッドにまで遡ることができる。ウパニシャッドでは、心臓はアートマン（我）の宿る場所であると説かれ、さらには、フリダヤは心であると説かれ、ブラフマンであると説かれた。たとえば、「これすなわち心臓の内部に存するわがアートマンである」（*Chānd. Up.* Ⅲ,14,3）、「ブラフマンは心である」（Ⅵ,1,8）。そこでは、巨大なブラフマン（宇宙我）が、人間の心臓の中にあるアートマンと同質であり、同一であると考えられている。この思想をうけて、ブラフマンに相当する「空」（śūnyatā）の世界が、心臓にも比すべきこの短い真言の中に、全的に表現されている、納められているという意味で、この真言をフリダヤと名づけたのではないかと思われる。

ウィンテルニッツはこの場合の「心」とは「一切の苦しみを鎮める真言」のことであると解する（M. Winternitz: *A History of Indian Literature*, vol. Ⅱ, p.381）。しかしやがて密教ではフリダヤを心（citta）にたいして肉団心（心臓のかたちをとって現れている心）として特別の意味をもつようになる。この点でも『般若心経』は後代の密教的解釈を容れ得る可能性をもっている。

(20) この後に、大本『般若心経』には結びの文章が付加されている。一六七ページの大本『般若心経』参照。

③玄奘訳

『般若心経』は短い経典であるが、『大般若経』六百巻（玄奘訳）のエッセンスを述べた経典であると考えられ、日本の仏教ではもっとも多く読誦されている。玄奘三蔵（六〇二―六六四）は多数の経典を漢訳したが、そのうちでもこの経典がもっとも しばしば読誦されている。

般若波羅蜜多《はんにゃはらみった》(1)心《しん》(2)経《ぎょう》(3)

唐三蔵法師玄奘訳《とうさんぞうほうしげんじょうやく》(4)

観自在《かんじざい》(5)菩薩《ぼさつ》(6)。行《ぎょう》(7)(8)深《じん》般若波羅蜜多《はんにゃはらみった》時《じ》。照見《しょうけん》五蘊《ごおん》(9)皆空《かいくう》(10)。度《ど》一切《いっさい》苦厄《くやく》(11)。舎利子《しゃりし》(12)。(13)色不異空《しきふいくう》。空不異色《くうふいしき》。色即是空《しきそくぜくう》。空即是色《くうそくぜしき》。受想行識《じゅそうぎょうしき》(14)亦復《やくぶ》如是《にょぜ》。舎利子《しゃりし》。是《ぜ》諸法《しょほう》(15)空相《くうそう》(16)。不生《ふしょう》(17)不滅《ふめつ》(18)。不垢《ふく》不浄《ふじょう》(19)。不増《ふぞう》不減《ふげん》(20)。是故《ぜこ》空中《くうちゅう》。無色《むしき》(21)。無受想行識《むじゅそうぎょうしき》。無眼耳鼻舌身意《むげんにびぜっしんい》。無色声香味触法《むしきしょうこうみそくほう》(22)(23)。無眼界《むげんかい》(24)。乃至《ないし》無意識界《むいしきかい》(25)。無無明《むむみょう》(26)。亦《やく》無無明尽《むむみょうじん》。乃至《ないし》無老死《むろうし》。亦無《やくむ》老死尽《ろうしじん》。無苦集滅道《むくしゅうめつどう》(27)(28)。無智《むち》亦無得《やくむとく》。以無所得故《いむしょとくこ》(29)。菩提薩埵《ぼだいさった》(30)。依《え》般若波羅蜜多故《はんにゃはらみったこ》。心無《しんむ》罣礙《けいげ》(31)。無罣礙故《むけいげこ》。無有恐怖《むうくふ》。遠離《おんり》〔一切《いっさい》〕顚倒夢想《てんどうむそう》(32)。究竟涅槃《くきょうねはん》(33)。三世諸仏《さんぜしょぶつ》(34)。依《え》般若波羅蜜多故《はんにゃはらみったこ》。得阿耨《とくあのく》多羅三藐三菩提《たらさんみゃくさんぼだい》(35)。故知《こち》般若波羅蜜多《はんみゃはらみった》。是大神呪《ぜだいじんしゅ》(36)。是大明呪《ぜだいみょうしゅ》(37)。是無上呪《ぜむじょうしゅ》(38)。是無等等呪《ぜむとうどうしゅ》(39)(40)。能除一切苦《のうじょいっさいく》。真実《しんじつ》不虚故《ふここ》(41)。説般若波羅蜜多呪《せつはんにゃはらみったしゅ》。即説呪曰《そくせつしゅわつ》

掲帝《ぎゃてい》　掲帝《ぎゃてい》　般羅《はら》掲帝《ぎゃてい》　般羅《はら》僧掲帝《そうぎゃてい》　菩提《ぼじ》　僧莎訶《そわか》(42)(43)

般若波羅蜜多心経《はんにゃはらみったしんぎょう》

注

（1）般若波羅蜜多——般若は原語プラジュニャー（prajñā）の音訳であるといわれるが、厳密にいうと、プラジュニャーの俗語形（たとえば俗語の一つとしてのパーリ語なら paññā となる）を漢字にうつしたものである。人間が真実の生命に目ざめたときにあらわれる根源的な叡智のこと。ふつうにいう判断能力としての分別知（vijñāna）と区別するために、般若と音訳のまま用いられる。無分別知ともいう。本書では般若を「智慧」、分別知を「認識」と書き分けてある。波羅蜜多は原語パーラミター（pāramitā）の音訳。このことばの意味については種々の意見が出されている。そのうち、代表的なものは、pāram（彼岸に）＋ ita（到れる）という過去受動分詞を女性形にして pāramitā としたとする説、および pārami（彼岸に到れる）＋ tā（状態、抽象名詞の語尾）としての pāramitā（完全に到達せること）であるとする説の二者である。この邦訳では後者に従い「完成」と訳してある。故に般若波羅蜜多とは、「智慧の完成」の意味となる。漢訳では「智度」と訳している。

教義学者の説明によると、pāramitā とは、pārami たる状態（bhāva）であり、般若波羅蜜とは「智慧の最高の境地」なのである（prajñāyā dharma-pravicayalakṣaṇāyāḥ pāramitā prajñāpāramitā）。ところで「智慧の完成」の、文字どおりの本来の（mukhya）意味は、（1）buddha, bhagavat, tathāgata と、（2）不二の智慧（māyopamaṃ jñānam advayam）とであり、譬喩的な、第二次的な（gauṇa）意義は（1）その智慧を得させるのに役立つ文句の集成である書物（tat-prāpty-anukūlatvena tu pada-vākya-samūho grantho）と（2）修行の道程（darśanādi-lakṣaṇo mārgaḥ）とである。これはディグナーガが『仏母般若波羅蜜多円集要義論』（(大)二五巻九一二ページ下）に述べたことであるが、それをハリバドラが敷衍しているのである（*Abhisamayālaṃkārālokā Prajñāpāramitāvyākhyā*, ed. by Unrai Wogihara, p.23, *ll.* 5-13）。ただし、ハリバドラは本来の意義をひとつにまとめて、総計三種の意義があると述べている。

(2) 心――原語フリダヤ（hṛdaya）の訳。この語は心臓を意味するが、転じて精髄・要目の意に用いられる。

(3) 般若波羅蜜多心経――梵文原典に最初からこの経名がついていたのではない。原文の最後に Prajñā-pāramitā-hṛdayaṃ samāptam「智慧の完成の心（真言）を終わる」とあったのを、漢訳者が冒頭にもってきて題名としたのである。わが国の読誦用『心経』では、この題名の上にさらに「摩訶《まか》」（大の意）あるいは「仏説摩訶《ぶっせつまか》」の字を冠している。釈教目録によると、支謙《しけん》訳・羅什《らじゅう》訳・実叉難陀《じっしゃなんだ》訳の『心経』には摩訶の字がつけられているが、他のすべての『心経』、ことに玄奘《げんじょう》訳には一切つけられていない。だから、『般若心経』がわが国に渡来して後につけられたのであろう。古くは智光《ちこう》（八世紀初中葉の人）の注釈書に『般若心経述義』があるが、その序の中にこの経の訳出に言及して「これを訳出して摩訶般若波羅蜜多心経と曰う」という。弘法大師の『般若心経秘鍵』から見ると、Buddha-bhāṣita-mahā-prajñā-pāramitā-hṛdaya-sūtra とあったらしい。

曹洞宗では廻向文を唱えたあとで十仏の名を唱える。その一つに「摩訶般若波羅蜜《もこほじょほろみ》」がある。これは一個の人格的存在とみなされている。『般若心経』の最後に gate gate pāragate とあるが、これは gatā（女性形）の呼格（vocative）である。般若波羅蜜が女性の人格尊とみなされているのである。

ところで戦時中には、出征兵士に般若心経を書写した布を贈ったことがある。それは弾丸よけと思われていたのである。

(4) 玄奘訳――ここに定本として用いた般若心経は、一般に玄奘訳と信じられている。しかし、この訳文（六四九年訳出）は、同じ玄奘訳『大般若波羅蜜多経』（六六〇―六六三年訳出）観照品の一節よりも、羅什訳『摩訶般若波羅蜜経』（四〇四年訳出）習応品の一節に酷似しているため、種々の疑いをもたれている。

(5) 観自在――原語アヴァローキテーシヴァラ（Avalokiteśvara）を、玄奘は「観自在」と訳した。この語は「観」（avalakita）＋「自在」（īśvara）と分解し得るのでそのように訳したのである。チベット訳語（spyan ras gzigs dbaṅ phyug）も同様の解釈に立っている。しかしクマーラジーヴァ（Kumārajīva 鳩摩羅什《くまらじゅう》、略して羅什という）は『法華経』を漢訳したときにこの語を観世音《かんぜおん》または観音と訳した。

何故そのように訳したか？ 第一の見解によると、クマーラジーヴァが『観音経』の趣意をとってそのように美しく訳したというのである。『観音経』すなわち『法華経』の普門品には「若有無量百千万億衆生、受諸苦悩、聞是観世音菩薩、一心称名、観世音菩薩、即時観其音声、皆得解脱」とある（榊亮三郎『解説梵語学』二四一ページ以下）。

第二の見解によると、観音の原名は古い時代には Avalokiteśvara ではなくて、Avalokitasvara であったと推定され、またそのことは『法華経』西域本《さいいき》によっても確かめられる（たとえば本田義英『法華経論』弘文堂、一九四四年、一九五ページ以下。同「観音の古名について」『竜谷大学論叢』第二九六号、一九三一年二月）。その場合には、衆生に音声を観ぜしめるという仏・菩薩の慈悲行を、ついに人格化してここに観音という菩薩を表現したのであると解されている。

一般的には、観音というときには大悲を強調し、観自在というときには智慧を強調してこのように訳出したといわれる。智《ち》慧輪《えりん》（Prajñācakra）の訳出した『般若波羅蜜多心経』には両方をとって「観世音自在菩薩」という。観自在とは、世間の多くの人々（衆生）から観られつつ、多くの人々を観、そして救う働きが自由自在であることをさしており、それは根源的な叡智を体得した者の働きであると通常解されている。白隠禅師《はくいんぜんじ》の『毒語心経《どくごしんぎょう》』に、「是非憎愛すべてなげうてば、汝に許す生身の観自在たることを」（是非憎愛総拈抛　許汝生身観自在）とある。観自在は特別な人格などではなく、すべての人々がそなえている働きであり、我執をすてて多くの人々の中に生きようと願い、足を踏み出すとき輝きあらわれてくるのである。

（6）菩薩――原語ボーディサットヴァ（bodhisattva）の音訳。「さとりを求めて修行する者」の意。「求道者」と訳し得る。菩薩という称号は、元来はジャータカ（Jātaka 本生話）すなわち前生物語の中で、釈尊の前生における呼び名として釈尊を意味して用いられていたものである。大乗仏教興起時代に革新的な仏教者たちが、すべての人間は仏たり得ると確信し、さとりを求めて努力する者をすべてボーディサットヴァとよびならわすようになってからは、求道者一般をさすことばとなった。

（7）行――実践すること。

（8）深――原語ガンビーラ（gambhīra）の訳。深遠な、の意。こういう形容詞を冠したのは、ここにいう般若波羅蜜多が、般若経一般に説かれる六波羅蜜（布施・持戒・忍辱《にんにく》・精進《しょうじん》・禅定《ぜんじょう》・智慧）の一つとしての智慧波羅蜜多ではなく、そのすべてを含むものとしての般若波羅蜜多であることを明示するためであると通常解されている。しかし最初期にはこういう自覚があったかどうか疑わしい。

(9) 五蘊——原語パンチャ・スカンダ(pañca skandha)の訳。「五つの集まり」の意。色《しき》(物質的現象)と受・想・行・識(精神作用)の五つによってわれわれの個人存在が構成されていると古代のインド仏教徒は考えたのである。注(13)・(14)参照。なお「五蘊皆空」が、法隆寺の所伝(佐伯良謙筆写のもの)では「五蘊等皆空」となっている。この場合の「等」は et cetra の意味ではなくて、複数であることを示す。仏教教学の術語でいうと、「向外ノ等」ではなくて「向内ノ等」である。

(10) 空——原語シューニャター(śūnyatā)の訳。「なにもない状態」というのが原意である。これはまたインド数学ではゼロ(零)を意味する。固定的実体のないこと。物質的存在は互いに関係し合いつつ変化しているのであるから、現象としてはあっても、実体として、主体として、自性《じしょう》としては捉えるべきものがない。これを空という。しかし、物質的現象の中にあってこの空性を体得すれば、根源的主体として生きられるともいう。この境地は空の人生観、すなわち空観の究極である。

ところで『般若心経』は空ということを説くが、そこから何が出てくるかということは何も説かれていない。空を説くことによって、何ものかを実体視する執着から離れることを説いているのである。

ただし実体視をやめさせるといっても、旧来の仏教で承認しているダルマを実体視することをやめさせるのであるから、教団内の思想史の一こまであるといえる。それがこのように有名になったのは、『心経』に付せられている呪術的効果であろう。

(11) 度一切苦厄——「一切の苦厄を度したまえり」と読む。「一切の苦悩や災厄をとり除く」の意。法隆寺貝葉《ばいよう》本はじめ現存のすべての梵本にはこれに対応する部分がない。スタインが敦煌の石室から発見した『唐梵翻対字音般若波羅蜜多心経』にも対応部分がない。しかし、玄奘の高弟である慈恩大師基《き》の『般若波羅蜜多心経幽賛』にも、円測《えんじき》の『般若波羅蜜多心経賛』にもこの句があげられ注釈が加えられているから、玄奘の訳文に最初からこの句があったと見るべきである。訳出にあたって玄奘が本文にないものを挿入したのであろう。そうして、こういう句があったからこそ『般若心経』は、霊験ある経典として東アジア諸国で尊重されたのであろう。

(12) 舎利子——釈尊の高弟シャーリプトラ(Śāriputra)のこと。舎利は śāri の音写、子は putra を意訳したものである。舎利弗とも音写する。なお一四八ページの注（5）参照。

（13）色——原語ルーパ（rūpa）の訳。物質的現象として存在するもののこと。rūpa は rūp（形作る）からつくられて、「形のあるもの」を意味する（rūpayatī ti rūpam, *Vibhaṅga-aṭṭhakathā*, p.3）。また ru（壊れる）からつくられて、「壊れるもの」「変化するもの」を意味する（ruppanato rūpam, *Visuddhimagga*, p.588）、という通俗語源的解釈が行われている。古来、変《へん》壊《ね》・質礙《ぜつげ》の義ありといわれている。「変壊」とは絶えず変化して一瞬も常恒でないこと。「質礙」とは物質が同時に同じ所を占有できないことをいう。

（14）受想行識——「受」は原語ヴェーダナー（vedanā）の訳である。vedanā は vid（知る）からつくられた語である。サンスクリット原文和訳では「感覚」と訳しておいた。「感受するから受といわれる。何を感受するかというと、楽を感受し、苦を感受し、不苦不楽を感受する」（SN. vol.Ⅲ, p.86）。

「想」は原語サンジュニャー（saṃjñā）の訳。jñā（知る）に saṃ（すべて）という接頭語を加えてつくられたもの。サンスクリット原文和訳では「表象」と訳してある。「了解するから想といわれる。青を了解し、黄を了解し、赤を了解し、白を了解する」（SN. vol.Ⅲ, p.87）。

「行」は原語サンスカーラ（saṃskāra）の訳。種々の意味を含んでいて訳しにくい語である。精神的な働きが一定の方向に働いていく面をさすことばとして、サンスクリット原文和訳では「意志」と訳しておいた。ただしその「意志」といっても選択の自由に基づく意志ではなくて、人間の存在の奥底にひそむ衝動的な意欲である。「意志的形成力」といえばもっと近いであろう。

「識」は原語ヴィジュニャーナ（vijñāna）の訳である。vi（分割して）＋ jñā（知る）という構成の語。ふつう六識に分けていう。眼・耳・鼻・舌・身・意という六種の認識作用が、形・声・香・味・触れられるもの・心の対象という六種の対象を認識する働きを総称して「識」という。サンスクリット原文和訳では「認識」と訳しておいた。

前掲法隆寺の所伝では「受想行識等亦復如是」となっている。この場合の「等」も複数のしるしであることを示す。

(15) 諸法――すべての存在するもの、の意。

(16) 空相――実体がないという特性を有する、の意。原語シューニャター・ラクシャナ（śūnyatā-lakṣaṇa）は「空を相（＝特質）としている」ということ。

(17) 不生……――以下、不生不滅・不垢不浄・不増不減の六種の不二が説かれる。古くは『ブリハド・アーラニヤカ・ウパニシャッド』にも、「これは実に偉大にして不生なるアートマン（我）である。不老・不滅・不死にして恐怖を離れている。恐怖のないブラフマン（梵）である」（*Bṛhad. Up.* IV.4.25）と説かれ、『イーシャー・ウパニシャッド』には、「不生起を崇拝する（念想する）者どもは盲目なる闇黒に陥る。しかるに生起を楽しむ者どもはいわばそれ以上の闇黒に陥る」（*Īśā Up.* XII）と説かれている。不二（advaya）に関してもっとも有名なものは、竜樹の『中論』の冒頭にあげられる、不滅（anirodha）・不生（anutpāda）・不断・不常・不一・不異・不来・不去の八不であり、これは縁起（pratītyasamutpāda 相互の条件づけ、あるいは関係づけ）の説明である。また、アサンガ（Asaṅga 無着　三九五―三四七頃）は、『大乗荘厳《しょうごん》経論』（*Mahāyāna-sūtrālaṅkāra*）第六章の冒頭に真実（tattva）を説明して、「有でもなく無でもなく、一如でもなく異なるのでもなく、生ずることもなく（na jāyate）滅することもなく（na vyeti）、減ることもなく（na hīyate）増すこともなく（na vardhate）、清浄となるのでもなく（na viśudhyati）不浄となるのでもない（na ca na viśudhyati）、これが第一義の相である」と説明している。述語は異なるが、内容的には『般若心経』の六不にきわめて近い。

(18) 不生不滅――「生ぜず、滅せず」と読む。原語アヌトパンナ、アニルッダ（anutpanna, aniruddha）の訳。すべての存在するもの（sarva-dharma）は根源的には空なるものであって、生ずることも滅することもない、の意。また不生不滅は、「すべての存在するものには実体がないという特性がある」ことにおいて言われていることである。実体がない（空）ということは、相関的（縁起・相依性）ということである。ことに『中論』では「不滅不生なる縁起」ということを冒頭に掲げているほどである。この意味では、生を離れた滅はなく、滅を離れた生はないという解釈も成り立つ。真言密教では「阿字《あじ》本不生《ほんぶしょう》」をいう。梵字の阿字（サンスクリットのアルファベットの最初に来る「ア」という字）はすべての語の根本であるだけでなく、一切万有の根源であり、この根源的な一者がそのまま森羅万象と現れ、根本も不生、万物も不生であるという。江戸時代の禅僧盤珪《ばんけい》は「不生にして霊明なもの」「不生の仏心」を説いて倦まなかった。

(19) 不垢不浄——「垢つかず浄からず」と読む。原語は amalāvimalā. すべての存在するものは、本来、清浄であるとも不浄であるともいえないものである、の意。最高の境地を清浄無垢と形容するのはインド古来の習慣である。たとえば、『イーシャー・ウパニシャッド』には、「かれ(ブラフマン)は清浄であり、悪に影響されない者として、[一切を]貫いた」(*Īśā Up.* VIII)と説く。仏説でももっとも古い『スッタ・ニパータ』には「この世において、ある賢者たちは、霊の最上の清浄の境地はこれだけのものである、と語る。さらにかれらのうちのある人々は断滅を説き、(精神も肉体も)残りなく消滅することのうちに(最上の清浄の境地がある)と、巧みに語っている」(*Sn.* 876)と説かれる。「梵」および「我」が本来清浄であるというウパニシャッドの主張は、原始仏教にも採用され、心性本浄説が説かれた。たとえば、「ビク(比丘)らよ、この心は本来は清浄である。しかし、その時々の汚れに汚されている」(*AN.* vol. I, p. 10)という。しかし、『般若心経』はこの立場よりさらに進んで、不垢不浄を主張するのである。この場合もまた、不生不滅と同じく、汚れを離れた清浄さはなく、清浄さを離れた汚れはないという解釈をなし得る。

(20) 不増不減——「増さず、減らず」と読む。原文は nonā na paripūrṇāḥ となっている。古くは、『ブリハド・アーラニヤカ・ウパニシャッド』に、「ブラフマンを知った人のこの威力は常恒である。(それは)行為によって増大せず、また縮小せず。(人は)かれの足跡をたずねて知る者となるがよい。かれを知れば、悪い行為によって汚されることはない」(*Bṛhad. Up.* IV.4.23)という。存在を、渾沌たる主客未分の一なる世界と摑むときには、増すことも、減ることもないのである。サンスクリット原文はすべて不減不増の順であるのに、漢訳は智慧輪訳を除いてすべて不増不減と逆にしている。

(21) 無色……——「色もなく……」と読む。以下、五蘊・十二処・十八界の「三科」を列挙し、ことごとく否定している。五蘊は注(9)のとおり。六根と六境とを合わせて十二処という。眼・耳・鼻・舌・身・意を六根、色・声・香・味・触・法を六境という。この十二処の一つ一つを「界」(dhātu 領域の意)と称し、これに眼識・耳識・鼻識・舌識・身識・意識の六識を加え、これらの六つをも一つ一つ「界」として数えて、合わせて十八界という。こういう体系（三科）は伝統的・保守的仏教（小乗仏教）の教学において確立したものであるが、般若経の思想はその後に現れ出たものであることがわかる。『般若心経』には「無」という表現が頻繁に出てくるが、それは「（五蘊などの）実体がない」という意味であるから、「空」というのと同義である。このように『般若心経』には否定の文句がくり返されているが、否定されているのは、旧来の仏教教学における既成概念である。教学自体を破壊するのである。

では現在われわれが暮らしている社会の秩序を否定することになるのではないか、という疑いがもたれるが、現実社会の問題にはこの短い経典は言及していない。

現実の社会にはいろいろの葛藤があるが、『般若心経』のうちに表明されている右のような思惟のしかたは、現実の生活における葛藤を一刀のもとに断ち切ってしまう効果がある。そこに否定的表現の心理的効果が認められる。

(22) 触――原語スプラシュタヴヤ（spraṣṭavya）の訳。触れられるべきもの、の意。触覚の対象。

(23) 法――原語ダルマ（dharma）の訳。意（思考器官）の対象となるもの、の意。インド一般で考えられている「理法」の意味ではない。

(24) 眼界――眼の識別作用の領域。前後の関係から見ると、チャクシュル・ヴィジュニャーナ・ダートゥ（cakṣur-vijñāna-dhātu）の略であろう。視覚作用のことをいう。

(25) 意識界――原語マノー・ヴィジュニャーナ・ダートゥ（mano-vijñāna-dhātu）の訳。思考作用のことを一つの領域とみなしてこのようにいう。

(26) 無無明……――「無明もなく……」と読む。以下に十二因縁の各支の名目をあげるべきところを省略したのである。十二因縁の各支の名目を伝統的な小乗仏教における解釈とともにあげると、次のとおりである。1無明《むみょう》（avidyā 過去世に無限につづいてきている迷いの根本である無知）2行《ぎょう》（saṃskāra 過去世の無明によってつくる善悪の行業）3識（vijñāna 過去世の業によってうけた現世の受胎の一念）4名色《みょうしき》（nāma-rūpa 胎中における心と体）5六入（ṣaḍ-āyatana 胎内で整う眼などの五根と意根）6触（sparśa 出胎してしばらくは苦楽を識別するにはいたらず、物に触れる働きのみがある）7受（vedanā 苦・楽・不苦不楽、好悪を感受する感覚）8愛（tṛṣṇā 苦を避け常に楽を追求する根本欲望）9取（upādāna 自己の欲するものに執着する働き）10有（bhava 愛取によって種々の業をつくり未来の結果を引きおこす働き）11生（jāti）12老死（jarā-maraṇa）。以上のように過去の因（無明・行）と現在の果（識・名色・六入・触・受）、現在の因（愛・取・有）と未来の果（生・老死）という二重の因果を示すものとして、これを三世両重の因果という。しかし、これは有部の教義にあらわれる後世の形式的、胎生学的な解釈であって、本来の形はもっと名目が少なくて、人生の苦しみの根源を追究して、それについての因果関係を示すものであったろうと考えられる。

(27) 滅——滅（nirodha）という語をチベット訳では ḥgog-pa と訳している。ḥgog-pa という語は、ダスの辞書によると、nirodha, saṃrodha, avarodha, pravāraṇa, pratyādeśa, pratibandha の訳であるから、「制する」という意味である。したがってチベット人も nirodha とは「滅す」ことではなくて、「制する」という意味に解していた。また遡って原始仏教聖典の中の古い詩によると、nirodha とは「制する」という意味である。たとえば「欲望を制する」というのと、「欲望を滅す」というのとでは大変な相違である。この点でこの漢訳語は誤解をおこすおそれがあった。

ただし、教義体系が確立して様式化した仏典一般の用例の意義としては、「制する」よりも「なくす」という意味のほうが強いようである。

(28) 苦集滅道——「苦も集も滅も道も（なく）」と読む。苦集滅道は、苦（duḥkha）・集（samudaya）・滅（nirodha）・道（mārga）の四つの真理（四諦）をいう。それぞれ、苦しみ、苦しみの原因、苦しみを制すること、苦しみを制する道、の意。この四つは、ブッダの教義の根本である。「苦諦」とは、人生の生老病死の四苦、さらにこれに愛別離苦、怨憎会苦《おんぞうえく》、求不得苦《ぐふとくく》、五蘊《ごおん》盛苦《じょうく》を加えた八苦に満ちているという真理である。「集諦」とは、この苦は、迷いによる業が集まって原因となっているという真理である。「滅諦」とは、煩悩を制して迷いを断ち尽くした永遠な平安の境地が理想であるという真理である。「道諦」とはその理想に達するためには道に因ることが必要であるとして「八正道」等を実践すべきであるという真理である。仏教の根本である四諦を否定するような文句を述べているのは、四諦への執着を破って、四諦の真意を生かすためである。湛道《たんどう》の『般若心経決談抄』には、「苦中ニ苦ヲ離レ楽中ニ楽ヲ離ル、カクノ如ク障碍ナケレバ苦集滅道モナキニアラズヤ。苦ハ苦デヨシ、楽ハ楽デヨシ。苦楽空相ナレバ苦アル時ハ苦ニ遇フテヨシ、楽アルトキハ楽ニ遇フテヨシ、何ノ妨グルコトヤコレアラン」という。

(29) 以無所得故――「得る所無きを以ての故に」と読む。法隆寺梵本には対応する原文がないが、東寺勧智院の澄仁本や敦煌出土『唐梵翻対字音般若波羅蜜多心経』には aprāptitvena と原文が入っている。通常この語は前の文章にかけて読むが、後の文章に付けて読むという説もある。敦煌本などには、「哆娑毎那鉢囉比底怛嚩」(tasmād aprāptitvena この故に得ということはないから) 云々とあり、明らかに後の文章に付けている。しかし、この語は法隆寺梵本に従って、ない方がわかりやすい。前掲法隆寺所伝では、「已無所得故」となっている。

(30) 菩提薩埵――原語ボーディサットヴァ (bodhisattva) の音訳。注 (6) を参照。また、漢訳では、「菩提薩埵依般若波羅蜜多故」とあり、菩提薩埵が主格になっているが、日本の諸写本では、「求道者の (bodhisattvasya) 智慧の完成」と属格になっている。この形は般若経典の慣用句の一つで、所々に「菩薩摩訶薩般若波羅蜜」の語を見出すことができる。あるいは他の解釈も可能である。ここの属格は bodhisattvasya satoḥ という絶対属格のような意味で「菩薩であって」「菩薩であるならば」と解することもできる。このような用法はたとえば *Bodhisattvabhūmi* のうちにはしばしば散見する。ただし荻原博士（『雲来文集』八八六ページ以下）は玄奘本に従って「諸の菩薩の (bodhisattvānām) 般若波羅蜜」と解すべきであるという。この読み方をとるなら問題ない。

(31) 心無罣礙――「心に罣礙なし」と読む。原語アチッターヴァラナ (acittāvaraṇa) の訳である。罣とは引っ掛けるの意。礙は妨げる、あるいは、さわり、障碍の意。原語アーヴァラナ (āvaraṇa) は、「覆うもの」の意。したがって acittāvaraṇa は、「心を覆うものがない」「心に障碍がない」という意味となる。チベット訳文 (sems la sgrib pa med ciṅ) もこれを証する。マックス・ミュラーはこの原語を viharati cittāvaraṇaḥ ととり、「人は意識の中に包まれて住する」(dwells enveloped in

consciousness）と解しているが、これでは反対の意味になってしまうので承服しがたい。心を覆うものがないとは、迷悟・生死・善悪等の意識によって心を束縛されることがないという意味である。

(32) 顚倒夢想――原語ヴィパリヤーサ（viparyāsa）の訳。「正しくものを見ることのできない迷い」をいう。なお一般に用いられる読誦用『心経』には「遠離一切顚倒夢想」となっているが、縮冊蔵経、卍蔵経、大正蔵経の原文には「一切」という字がなく、またサンスクリット原文には「一切」という訳語にあたる sarva という原語は入っていない。諸宗派で読誦する流布本、前掲の法隆寺所伝では「遠離一切顚倒夢想」となっている。

(33) 究竟涅槃――「涅槃を究竟す」と読む。涅槃は原語ニルヴァーナ（nirvāṇa）の音訳。一切の迷いから脱した境地に入っていることをいう。小部経典ウダーナ（『自説経』）の一説にニルヴァーナを説明して次のようにいう。「修行者たちよ、そこには地も水も火も風もなく、空間の無限もなく、識の無限もなく、無一物もなく、想の否定も非想の否定もなく、この世もかの世もなく、日も月も二つながらない。修行者たちよ、わたしはこれを来ともいわず、去ともいわず、住ともいわず、死ともいわず、生ともいわない。よりどころなく、進行なく、対象のない処、これこそ苦の終わりであるとわたしはいう。修行者たちよ、生じないもの、成らぬもの、造られないもの、作為されないものがある。修行者たちよ、もしその、生ぜず、成らず、造られず、作為されないものがないならば、そこには、生じ、成り、造られ、作為されたものの出離《しゅつり》はないであろう。修行者たちよ、生ぜず、成らず、造られず、作為されないものがあるから、生じ、成り、造られ、作為されたものの出離があるのである」（*Udāna*, Ⅷ, 1 & 3）。ここに説かれている文句は、ただ否定のくり返しであるが、その趣意は「絶対の境地は凡人の思慮の至らないところである」ということを説くのである。『般若心経』では「涅槃を究竟す」といい、永遠の安らぎに入っていることをめざすから、「死ぬこと」を理想としているのではないか、とも考えられるが、じつは「智慧の完成」をめざしているのである。それは無限の可能性を秘めている。

(34) 三世諸仏――「三世の諸仏」と読む。過去、現在、未来にまします無限に多くの仏たち。

(35) 阿耨多羅三藐三菩提――原語アヌッタラー・サムヤクサンボーディ（anuttarā samyak-saṃbodhi）の音訳。無上正等正覚と意訳する。「この上もない、正しく平等な目ざめ」「完全なさとり」の意である。仏のさとりをさしていう。

(36) 大神咒——原語マハー・マントラ (mahā-mantra) の訳。大いなる真言(霊力ある咒句。如来の真実の語)の意。神の字は漢訳者の挿入であり、不思議な霊力を意味すると考えられる。マントラは通常、「咒」「明咒」「真言」と訳される。仏教以前に古くヴェーダにおいては、宗教的儀式に用いられる神歌のことであり、リチュ (ṛc 讃詠)、ヤジュス (yajus 祭詞)、サーマン (sāman 歌咏) の三種から成っていた。マントラはバラモン出身の修行僧によって仏教の教団にももち込まれ、ブッダは初めこれを禁じたが、後に毒蛇・歯痛・腹痛等を治癒させる呪は使用を許可した。大乗仏教においてはダーラニー (dhāraṇī 陀羅尼) と並んで広く用いられるようになった。とくに密教では、マントラあるいはダーラニーは真理そのものであると尊重し、翻訳することなくそのまま口に唱える。唱えれば真理と合一することができると説かれる。如来の真実の語であるとして真言というのである。

(37) 大明咒——原語マハー・ヴィドヤー・マントラ (mahā-vidyā-mantra) の訳。大いなるさとりの真言、の意。

(38) 無上咒——原語アヌッタラ・マントラ (anuttara-mantra) の訳。この上ない真言、の意。

(39) 無等等——無比ということ。なお、一五一ページの注(17)参照。

(40) 無等等咒——原語アサマサマ・マントラ (asamasama-mantra) の訳。比類なき真言、の意。

なお、大神咒に始まる四つの咒については、以下に示すような解釈も行われている。

大神咒とは、外相、外物のために自己の心を穢されない、清浄無垢の功徳を有する大陀羅尼。大明咒とは、内相、すなわちわれわれの心中に巣喰っている迷想を打破する。無上咒は自性を示し、智を表す。無等等咒は仏性を示し、慈悲を表す。

無等の等は「倫等」の等を意味し、次の「等」という字は、平等円満の意を表すとの解釈もある。

(41) 真実不虚——「真実にして虚ならざる」と読む。一四五ページ注(8)参照。

(42) 僧莎訶——この表記は『大正新修大蔵経』の版によった。法隆寺や新義真言宗の所伝では「娑婆訶」、曹洞宗の所伝では「薩婆訶」というふうに一定していない。原音はサンスクリットで svāhā であるが、どの音写が正しいかということは断定しがたい。

(43) 最後の真言について見るに、

①prajñāpāramitā にたいする呼びかけになっている。それはつまり prajñāpāramitā が人格視されていたか、少なくとも人格視される第一歩を示している。後代の真言密教においてはプラジュニャー・パーラミターが一種の女神的存在となり、ベンガルやオリッサではパーラ王朝時代に、またインドネシアでもそれの女性像がつくられたが、それにいたる第一歩が認められる。そうしてこの変化は般若心経の諸訳の変遷についても認められる。古い諸訳はみな『般若波羅蜜多心経』という標題になっているのに、もっとも新しい宋代の施護の訳では、標題は『仏説聖仏母般若波羅蜜多経』となっていて、プラジュニャー・パーラミターは〈仏母〉とみなされたのである。

②経典の終わりのほうに付加する「咒」は、なんでもよさそうに思われるのに、わざわざこのような呪が付加されている事実から見ると、当時すでにパーラミターを pāram (彼岸に) + i (行く) という語源解釈が一般に承認されていたことがわかる。

③この真言は、svāhā という語で終わっているが、これは、ヴェーダの祭式において呪文をとなえたあとで発する祈願の語である。『リグ・ヴェーダ』には唯だ一回 (266,15) 出るだけであるが、ヴェーダ文献ではひろく現れる。svāhā とは、祭儀における呼びかけであり、それによって神々は供物を受けとるように促されるのである (Grassmann: *Wörterbuch zum Rig-Veda*, col.1638)。ところでヴェーダの祭儀に特有な術語が『般若心経』のうちに用いられているということは、般若経典でさえも、ヴェーダの宗教ないしバラモン教の影響が存するということを証するものである。

④漢訳の『心経』ではこの咒を翻訳しないで、漢字のみで音写している。インド人は、それを聞いただけでほぼその意味内容をすぐに理解することができた。ところが中国人、あるいは東アジアの人々は、これを、わけのわからない異様なものとして受けとった。霊験あらたかな呪術性が尊ばれたのである。

参考までに榊亮三郎博士の〝『心経』咒〟の部分の訳を引くと、

「此の大明呪は無上の呪文にして、無比の呪文なり、一切の苦厄を息むる呪文にして、虚偽ならざるが故に真実の言なり、般若波羅蜜多の中に於て、云はれし呪文なり、その呪文は、下に云へるがごとし、
　往き往きて、彼岸に往き、彼岸に到達せる覚よ、娑婆訶と」。
（榊亮三郎『解説梵語学』二四四ページ）

(2) 大本『般若心経』

①サンスクリット原文テクスト

大本『般若心経』のサンスクリット文は、マックス・ミュラーが日本の大和の長谷寺に伝わった写本と中国の所伝本に基づいて、校訂本を出版した。しかしかれが見ていないチベット訳文を参照したり、小本『心経』の異本を参照すると、かれのテクストも若干訂正を要するところがある。よってここに新しく訂正したテクストを掲載し、訳を付することにした。

Namas Sarvajñāya

evaṃ mayā śrutam. ekasmin samaye bhagavān Rājagṛhe viharati sma Gṛdhrakūṭe parvate mahatā bhikṣu-saṃghena sārdhaṃ mahatā ca bodhisattva-saṃghena. tena khalu samayena bhagavān Gaṃbhīrāvasaṃbodhaṃ nāma samādhiṃ samāpannaḥ. tena ca samayenāryāvalokiteśvaro bodhisattvo mahāsattvo gaṃbhīrāyāṃ prajñāpāramitāyāṃ caryāṃ caramāṇa evaṃ vyavalokayati sma.

paṃca skaṃdhās tāṃś ca svabhāva-śūnyān vyavalokayati. athāyuṣmāñ Chāriputro buddhānubhāvenāryāvalokiteśvaraṃ bodhisattvam etad avocat. yaḥ kaścit kulaputro gaṃbhīrāyāṃ prajñāpāramitāyāṃ caryāṃ cartu-kāmaḥ kathaṃ śikṣitavyaḥ. evam ukta āryāvalokiteśvaro bodhisattvo mahāsattva āyuṣmaṃtaṃ Śāriputram etad avocat. yaḥ kaścic Chāriputra kulaputro vā kuladuhitā vā gaṃbhīrāyāṃ prajñāpāramitāyāṃ caryāṃ cartu-kāmas tenaivaṃ vyavalokayitavyaṃ. paṃca skaṃdhās tāṃś ca svabhāva-śūnyān samanupaśyati sma. rūpaṃ śūnyatā śūnyataiva rūpam. rūpān na pṛthak śūnyatā śūnyatāyā na pṛthag rūpam. yad rūpaṃ sā śūnyatā yā śūnyatā tad rūpam. evaṃ vedanā-saṃjñā-saṃskāra-vijñānāni ca śūnyatā. evaṃ Śāriputra sarva-dharmā śūnyatā-lakṣaṇā anutpannā aniruddhā amalāvimalā anūnā asaṃpūrṇāḥ. tasmāt tarhi Śāriputra śūnyatāyāṃ na rūpaṃ na vedanā na saṃjñā na saṃskārā na vijñānam. na cakṣur na śrotraṃ na ghrāṇaṃ na jihvā na kāyo na mano na rūpaṃ na śabdo na gaṃdho na raso na spraṣṭavyaṃ na dharmāḥ. na cakṣur-dhātur yāvan na mano-dhātur na dharma-dhātur na mano-vijñāna-dhātuḥ. na vidyā nāvidyā na kṣayo yāvan na jarā-maraṇaṃ na jarā-maraṇa-kṣayaḥ. na duḥkha-samudaya-nirodha-mārgā[1] na jñānaṃ na prāptir nāprāptiḥ.

tasmāc Chāriputra aprāptitvena bodhisattvānāṃ prajñāpāramitām āśritya viharaty acittāvaraṇaḥ.[2] cittāvaraṇa-nāstitvād atrasto viparyāsātikrāṃto niṣṭha-nirvāṇaḥ. tryadhva-vyavasthitā[3] sarva-buddhāḥ prajñāpāramitām āśrityānuttarāṃ samyaksaṃbodhim abhisaṃbuddhāḥ. tasmāj jñātavyaḥ prajñāpāramitā-mahā-maṃtro mahā-vidyā-maṃtro 'nuttara-maṃtro 'samasama-maṃtraḥ sarva-duḥkha-praśamana-maṃtraḥ satyam amithyatvāt prajñāpāramitāyām ukto maṃtraḥ, tad yathā, gate

gate pāragate pārasaṃgate bodhi svāhā.

evaṃ Śāriputra gaṃbhīrāyāṃ prajñāpāramitāyāṃ caryāyāṃ śikṣitavyaṃ bodhisattvena. atha khalu bhagavān tasmāt samādher vyutthāyāryāvalokiteśvarasya bodhisattvasya sādhukāram adāt. sādhu sādhu kulaputra evam etat kulaputra. evam etad gaṃbhīrāyāṃ prajñāpāramitāyāṃ caryāṃ cartavyaṃ, yathā tvayā nirdiṣṭam anumodyate tathāgatair arhadbhiḥ. idam avocad bhagavān ānaṃda-manā āyuṣmāñ Chāriputra āryāvalokiteśvaraś ca bodhisattvaḥ sā ca sarvāvatī parṣat sadeva-mānuṣāsura-gaṃdharvaś ca loko bhagavato bhāṣitam abhyanaṃdann[4] iti

Prajñāpāramitā-hṛdaya-sūtraṃ samāptam.

注

（1）なお中国伝承本は以下の文章がかなり相違しているので、マックス・ミュラーはW本として法隆寺本と並べて出版している。ひじょうに誤謬の多い写本のようであるが、参考のために、それを以下に紹介しよう。

na rūpaṃ na jñānaṃ na prāptir nāprāptiḥ. tasmāt tarhi Śāriputra aprāptitāprāptir yāvavat prajñāpāramitām āśritya viharaṃś cittālambanaṃ nāstitvād atrasto viparyāsātikrāṃto niṣṭhānirvāṇaṃ prapnuti. tryadhvavyavasthitair api samyaksaṃbuddhaiḥ prajñāpāramitām āśrityānuttarā samyaksaṃbodhiḥ prāptā. etasmāj jñātavyaḥ prajñāpāramitā-maṃtro vidyāmaṃtro 'nuttaro maṃtraḥ sarvaduḥkhapraśamano maṃtraḥ samyaktvaṃ na mithyātvaṃ prajñāpāramitāyukto maṃtraḥ, tad yathā,

gate gate pāragate pārasaṃgate bodhi svāhā.

evaṃ Śāriputra bodhisattvena mahāsattvena prajñāpārāmitāyāṃ śikṣitavyaṃ. atha khalu bhagavāṃs tasyāṃ velāyāṃ tasmāt samādher vyutthāyāvalokiteśvarāya bodhisattvāya mahāsattvāya sādhukāram adāt. sādhu sādhu kulaputra evam etat kulaputra. evam etat. evam evaiṣā prajñāpāramitā yathā tvayā nirdiṣṭānumodyate sarvatathāgatair arhadbhiḥ samyaksaṃbuddhaiḥ. idam avocad bhagavān āttamanā āryāvalokiteśvaro bodhisattvo mahāsattvas te ca bhikṣavas te ca bodhisattvā mahāsattvāḥ sa ca sarvāvatī parṣat sadevamānuṣāsura garuḍagaṃdharvaś ca loko bhagavato bhāṣitam abhyanaṃdann iti.

Āryapañcāviṃśatikā bhagavatī
Prajñāpāramitāhṛdayaṃ.

この中国本（W）は題号からみても、内容からみても、施護訳の『仏説聖仏母般若波羅蜜多経』の梵本にもっとも近い。

（2）マックス・ミュラー本には viharati cittāvaraṇaḥ とあるが、小本およびチベット訳による。

（3）マックス・ミュラー本には va という字がないが誤植であろう。

（4）古典サンスクリット文法の規則に従って榊亮三郎博士は -°dann iti と訂正しておられるが、仏教サンスクリットの特異性を示す一資料としてそのままにしておいた。

②現代語訳

このように私は聞いた(1)。あるとき、世尊は、多くの修行僧、多くの求道者とともに、ラージャグリハ（王舎城）のグリドゥラクータ山（霊鷲山）に在した。そのときに世尊は、深遠なさとりと名づけられる瞑想に入られた。そのとき、すぐれた人、求道者・聖アヴァローキテーシヴァラは、深遠な智慧の完成を実践しつつあったが、次のように見きわめた、——存在するものには五つの構成要素がある——と。しかも、かれは、これらの構成要素が、その本性からいうと実体のないものであると見抜いたのであった。そのとき、シャーリプトラ長老は、仏の力を承《う》けて、求道者・聖アヴァローキテーシヴァラにこのように言った。「もしもだれかある立派な若者が、深遠な智慧の完成を実践したいと願ったときには、どのように学んだらよいであろうか」と。こう言われたときに、すぐれた人、求道者・聖アヴァローキテーシヴァラは、長老シャーリプトラに次のように言った。「シャーリプトラよ。もしも立派な若者や立派な娘が、深遠な智慧の完成を実践したいと願ったときには、次のように見きわめるべきである――〈存在するものには五つの構成要素がある〉と。そこでかれは、これらの構成要素が、その本性からいうと、実体のないものであると見抜いたのであった。物質的現象には実体がないのであり、実体がないからこそ、物質的現象で〔ありうるので〕ある。実体がないといっても、それは物質的現象を離れてはいない。また、物質的現象は、実体がないことを離れて物質的現象であるのではない。〔このようにして、〕およそ物質的現象というものは、すべて実体がないことである。およそ実体がないということは、すべて物質的現象なのである。これと同じように、感覚も、表象も、意志も、認識も、すべて実体がないのである。

シャーリプトラよ。このように、すべての存在するものには実体がないという特性がある。生じたということもなく、滅したということもなく、汚れたものでもなく、汚れを離れたものでもなく、減るということもなく、増すということもない。

それゆえに、シャーリプトラよ。実体がないという立場においては、物質的現象もなく、感覚もなく、表象もなく、意志もなく、認識もない。眼もなく、耳もなく、鼻もなく、舌もなく、身体もなく、心もなく、形もなく、声もなく、香りもなく、味もなく、触れられる対象もなく、心の対象もない。眼の領域もなく、ないし、意識の領域もなく、心の対象の領域もなく意識の識別の領域もないのである。

さとりもなければ、迷いもなく、〔さとりがなくなることもなければ、迷いが〕なくなることもない。かくて、老いも死もなく、老いと死がなくなることもないというにいたるのである。苦しみも、苦しみの原因も、苦しみを制してなくすことも、苦しみをなくす道もない。知ることもなく、得るところもない。得ないということもない。

それゆえに、シャーリプトラよ。得るということがないから、諸の求道者の智慧の完成に安んじて、人は、心を覆われることなく住している。心を覆うものがないから、恐れがなく、顚倒した心を遠く離れて、永遠の平安に入っているのである。

過去、現在、未来の三世にいます目ざめた人々は、すべて、智慧の完成に安んじて、この上ない正しい目ざめをさとり得られた。

それゆえに人は知るべきである。智慧の完成の大いなる真言、大いなるさとりの真言、無上の真言、無比の真言は、すべての苦しみを鎮める真言であり、偽りがないから真実であると。

その真言は、智慧の完成において次のように説かれた。

往ける者よ、往ける者よ、彼岸に往ける者よ、彼岸にまったく往ける者よ、さとりよ、幸あれ。

シャーリプトラよ。深遠な智慧の完成を実践するときには、求道者はこのように学ぶべきである」と。

そのとき、世尊は、かの瞑想より起きて、求道者・聖アヴァローキテーシヴァラに賛意を表された。「そのとおりだ、そのとおりだ。立派な若者よ。まさにそのとおりだ。立派な若者よ。深い智慧の完成を実践するときには、そのように行われなければならないのだ。あなたによって説かれたそのとおりに、目ざめた人々や尊敬されるべき人々は喜び受け入れるであろう」と。世尊は喜びに満ちた心でこのように言われた。長老シャーリプトラ、求道者・聖アヴァローキテーシヴァラ、一切の会衆、および神々や人間やアスラやガンダルヴァたちをふくむ世界の者たちは、世尊のことばに歓喜したのであった。

ここに、智慧の完成の心という経典を終わる。

注

(1) マックス・ミュラーの刊本には evaṃ mayā śrutam | ekasmin samaye bhagavān Rājagṛhe viharati sma …… | となっている。これは中国・日本の解釈並びに一般仏教学者の見解に従って、このように切ったのであるが、チベット訳には ḥdi skad bdag gis thos paḥi dus gcig na | bcom ldan ḥdas rgyal poḥi khab bya rgod phuṅ poḥi ri la……bshugste | 「わたくしがこのように聞いたあるときに、世尊は王舎城・霊鷲山に住せられた」となっている（池田澄達『初等西蔵語読本』一ページ、寺本婉雅『西蔵語文法』一四八ページ）。チベット訳者は明らかに違った解釈をとっていたのである。かつて Staël-Holstein は従来の仏教学者の見解に疑義をはさんで、むしろ evaṃ mayā śrutam ekasmin samaye | bhagavān と切るべきではないか、と言い (Preface to edition of the *Commentary to the Kāçyapaparivarta,* Peking, 1933, p.iv)、つづいてブラフ教授が詳論している (John Brough: "Thus Have I Heard……", BSOAS, XIII, pt. 2, 1950, pp. 416f.)。

理由。(1) サンスクリット写本について見るに、śrutam のあとで切ってない。

(2) サンスクリット仏典でこの冒頭の句がない場合には、右の句が全部省かれていて、ekasmin samaye から始まる仏典はない。

(3) チベット文、蒙古文、ソグド文の仏教経典から見ると、samaye のあとで切らなければならない（チベット文ではたいてい ḥdi skad bdag gis thos pa dus gcig na: bcom ldan ḥdas……… となっている)。

(4) パーリ文の注釈（たとえばブッダゴーサ）やハリバドラのサンスクリット文注釈には種々の解釈をあげているが、この解釈も承認されている。

だから右の句の意味は、『（釈尊の生涯のうちの）或る時に、私はこのように聞きました。世尊は王舎城……にとどまっておられました』となる、というのである。ところで『般若心経』のチベット訳文はいっそうブラフ教授らの解釈を支持するものである。

(3)諸漢訳

なお参考のために、他の諸漢訳もあげておこう。七種の漢訳のうちで、玄奘訳よりも以前のものはクマーラジーヴァ（鳩摩羅什）訳のみであり、他は玄奘よりものちの訳である。（漢訳は『大正新修大蔵経』に基づき、読点および改行なども参考のためママとしてある。）

唐の玄宗皇帝の時代には『心経』の翻訳が十一種もあった。そのうち後代に残ったものは七種であった。そのうち五訳だけが日本に伝わったので、このことを「五存二欠」という。

①鳩摩羅什の訳

摩訶般若波羅蜜大明呪経

姚秦天竺三蔵鳩摩羅什訳

観世音菩薩。行深般若波羅蜜時。照見五陰空。度一切苦厄。舎利弗色空故無悩壊相。受空故無受相。想空故無知相。行空故無作相。識空故無覚相。何以故。舎利弗非色異空。非空異色。色即是空。空即是色。受想行識亦如是。舎利弗是諸法空相。不生不滅。不垢不浄。不増不減。是空法。非過去非未来非現在。是故空中。無色無受想行識。無眼耳鼻舌身意。無色声香味触法。無眼界乃至無意識界。無無明亦無無明尽。乃至無老死無老死尽。無苦集滅道。無智亦無得。以無所得故。菩薩依般若波羅蜜故。心無罣礙。無罣礙故無有恐怖。離一切顚倒夢想苦悩。究竟涅槃。三世諸仏依般若波羅蜜故。得阿耨多羅三藐三菩提。故知般若波羅蜜是大明呪。無上明

呪。無等等明呪。能除一切苦真実不虚故説般若波羅蜜呪即説呪曰
竭帝竭帝　波羅竭帝　波羅僧竭帝　菩提僧莎呵
摩訶般若波羅蜜大明呪経

以下の諸漢訳は、サンスクリット本の大本に相当する。

②法月の訳

普遍智蔵般若波羅蜜多心経

摩竭提国三蔵沙門法月重訳

如是我聞。一時仏在王舎大城霊鷲山中。与大比丘衆満百千人。菩薩摩訶薩七万七千人倶。其名曰観世音菩薩。文殊師利菩薩。弥勒菩薩等。以為上首。皆得三昧総持。住不思議解脱
爾時観自在菩薩摩訶薩在彼敷坐。於其衆中即従座起。詣世尊所。面向合掌曲躬恭敬。瞻仰尊顔而白仏言。世尊。我欲於此会中。説諸菩薩普遍智蔵般若波羅蜜多心。唯願世尊聴我所説。為諸菩薩宣秘法要。爾時世尊以妙梵音。告観自在菩薩摩訶薩言。善哉善哉具大悲者。聴汝所説。与諸衆生作大光明。於是観自在菩薩摩訶薩蒙仏聴許。仏所護念。入於慧光三昧正受。入此定已。以三昧力行深般若波羅蜜多時。照見五蘊自性皆空。彼了知五蘊自性皆空。従彼三昧安詳而起。即告慧命舎利弗言。善男子。菩薩有般若波羅蜜多心。名普遍智蔵。汝今諦聴善思念之。吾当為汝分別解説。作是語已。慧命舎利弗白観自在菩薩摩訶薩言。唯大浄者。願為説之。今正是時。於斯告舎利弗。諸菩薩摩訶薩応如是学。色性是空空性是色。色不異空空不異色。色即是空空即是色。受想行識亦復如是。識性是空空性是識。識不異空空不異識。識即是空空即是識。舎利子。是諸法空相。不生不滅不垢不浄不増不減。是故空中無色。無受想行識。無眼耳鼻舌身意。無色声香味触法。無眼界乃至無意識界。無無

明亦無無明尽。乃至無老死亦無老死尽。無苦集滅道。無智亦無得。以無所得故。菩提薩埵依般若波羅蜜多故心無罣礙。無罣礙故無有恐怖。遠離顛倒夢想。究竟涅槃。三世諸仏依般若波羅蜜多故。得阿耨多羅三藐三菩提。故知般若波羅蜜多是大神呪。是大明呪。是無上呪。是無等等呪。能除一切苦真実不虚。故説般若波羅蜜多呪。即説呪曰

掲諦掲諦　波羅掲諦　波羅僧掲諦　菩提莎婆訶

仏説是経已。諸比丘及菩薩衆。一切世間天人阿脩羅乾闥婆等。聞仏所説皆大歓喜。信受奉行

普遍智蔵般若波羅蜜多心経

③般若三蔵などの訳

般若波羅蜜多心経

罽賓国三蔵般若共利言等訳

如是我聞。一時仏在王舎城耆闍崛山中。与大比丘衆及菩薩衆倶。時仏世尊即入三昧。名広大甚深。爾時衆中有菩薩摩訶薩。名観自在。行深般若波羅蜜多時。照見五蘊皆空。離諸苦厄。即時舎利弗承仏威力。合掌恭敬白観自在菩薩摩訶薩言。善男子。若有欲学甚深般若波羅蜜多行者。云何修行。如是問已。爾時観自在菩薩摩訶薩告具寿舎利弗言。舎利子。若善男子善女人行甚深般若波羅蜜多行時。応観五蘊性空。舎利子。色不異空空不異色。色即是空空即是色。受想行識亦復如是。舎利子。是諸法空相。不生不滅不垢不浄不増不減。是故空中無色。無受想行識。無眼耳鼻舌身意。無色声香味触法。無眼界乃至無意識界。無無明亦無無明尽。乃至無老死亦無老死尽。無苦集滅道。無智亦無得。以無所得故。菩提薩埵依般若波羅蜜多故心無罣礙。無罣礙故無有恐怖。遠離顛倒夢想。究竟涅槃。三世諸仏依般若波羅蜜多故。得阿耨多羅三藐三菩提。故知般若波羅蜜多是大神呪。

是大明呪。是無上呪。是無等等呪。能除一切苦。真実不虚。故説般若波羅蜜多呪。即説呪曰。

蘖諦　蘖諦　波羅蘖諦　波羅僧蘖諦菩提娑蘇紇反婆訶

如是舎利弗。諸菩薩摩訶薩於甚深般若波羅蜜多行。応如是行。如是説已。即時世尊従広大甚深三摩地起。讃観自在菩薩摩訶薩言。善哉善哉。善男子。如是如是。如汝所説。甚深般若波羅蜜多行。応如是行。如是行時一切如来皆悉随喜。爾時世尊説是語已。具寿舎利弗大喜充遍。観自在菩薩摩訶薩亦大歓喜。時彼衆会天人阿修羅乾闥婆等。聞仏所説皆大歓喜。信受奉行

般若波羅蜜多心経

④智慧輪の訳

般若波羅蜜多心経　　唐上都大興善寺三蔵沙門智慧輪奉　詔訳

如是我聞。一時薄誐梵。住王舎城鷲峯山中。与大苾蒭衆。及大菩薩衆倶。爾時世尊。入三摩地。名広大甚深照見。時衆中有一菩薩摩訶薩。名観世音自在。行甚深般若波羅蜜多行時。照見五蘊自性皆空。即時具寿舎利子。承仏威神。合掌恭敬。白観世音自在菩薩摩訶薩言。聖者。若有欲学甚深般若波羅蜜多行。云何修行。如是問已。爾時観世音自在菩薩摩訶薩。告具寿舎利子言。舎利子。若有善男子。善女人。行甚深般若波羅蜜多行時。応照見五蘊自性皆空。離諸苦厄。舎利子。色空。空性見色。色不異空。空不異色。是色即空。是空即色。受想行識。亦復如是。舎利子。是諸法性相空。不生不滅。不垢不浄。不減不増。是故空中。無色。無受想行識。無眼耳鼻舌身意。無色声香味触法。無眼界。乃至無意識界。無無明。亦無無明尽。乃至無老死尽。無苦集滅道。無智証無得。以無所得故。菩提薩埵。依般若波羅蜜多住。心無障礙。心無障礙故。無有恐怖。遠離顛倒夢想。

究竟寂然。三世諸仏。依般若波羅蜜多故。得阿耨多羅。三藐三菩提。現成正覚。故知般若波羅蜜多。是大真言。是大明真言。是無上真言。是無等等真言。能除一切苦。真実不虚。故説般若波羅蜜多真言。即説真言

唵引誐帝誐帝。播引囉誐帝。播引囉散誐帝。冒引地娑縛二合賀引

如是舍利子。諸菩薩摩訶薩。於甚深般若波羅蜜多行。応如是学。爾時世尊。従三摩地安祥而起。讃観世音自在菩薩摩訶薩言。善哉善哉。善男子。如是如是。如汝所説。甚深般若波羅蜜多行。応如是行。如是行時。一切如来。悉皆随喜。爾時世尊如是説已。具寿舎利子。観世音自在菩薩及彼衆会一切世間天人阿蘇囉巘駄嚩等。聞仏所説。皆大歓喜。信受奉行

般若波羅蜜多心経

⑤法成の訳

般若波羅蜜多心経（敦煌石室本）　国大徳三蔵法師沙門法成訳

如是我聞。一時薄伽梵住王舎城鷲峯山中。与大苾蒭衆。及諸菩薩摩訶薩倶。爾時世尊等入甚深明了三摩地法之異門。復於爾時。観自在菩薩摩訶薩。行深般若波羅蜜多時。観察照見五蘊体性。悉皆是空。時具寿舎利子。承仏威力。白聖者観自在菩薩摩訶薩曰。若善男子。欲修行甚深般若波羅蜜多者。復当云何修学。作是語已。観自在菩薩摩訶薩答具寿舎利子言。若善男子及善女人。欲修行甚深般若波羅蜜多者。彼応如是観察。五蘊体性皆空。色即是空。空即是色。色不異空。空不異色。如是受想行識。亦復皆空。是故舎利子。一切法空性。無相無生無滅。無垢離垢。無減無増。舎利子。是故爾時空性之中。無色。無受。無想。無行。亦無有識。無眼。無耳。無鼻。無舌。無身。無意。無色。無声。無香。無味。無触。無法。無眼界。乃至無意識界。無無明。亦無

無明尽。乃至無老死。亦無老死尽。無苦集滅道。無智無得。亦無不得。是故舎利子。以無所得故。諸菩薩衆。依止般若波羅蜜多。心無障礙。無有恐怖。超過顛倒。究竟涅槃。三世一切諸仏。亦皆依般若波羅蜜多故。証得無上正等菩提。舎利子。是故当知般若波羅蜜多大蜜咒者。是大明咒。是無上咒。是無等等咒。能除一切諸苦之咒。真実無倒。故知般若波羅蜜多。是祕密咒。即説般若波羅蜜多咒曰

峩帝峩帝。波囉峩帝。波囉僧峩帝。菩提莎訶。舎利子。菩薩摩訶薩。応如是修学甚深般若波羅蜜多。爾時世尊従彼定起。告聖者観自在菩薩摩訶薩曰。善哉善哉。善男子。如是如是。如汝所説。彼当如是修学般若波羅蜜多。一切如来。亦当随喜。時薄伽梵説是語已。具寿舎利子。聖者観自在菩薩摩訶薩。一切世間天人阿蘇羅乾闥婆等。聞仏所説。皆大歓喜。信受奉行

般若波羅蜜多心経

⑥施護の訳

仏説聖仏母般若波羅蜜多経

西天訳経三蔵朝奉大夫試光禄卿伝法大師賜紫臣施護奉　詔訳

如是我聞。一時世尊。在王舎城鷲峯山中。与大苾芻衆千二百五十人倶。并諸菩薩摩訶薩衆。而共囲繞

爾時世尊。即入甚深光明宣説正法三摩地。時観自在菩薩摩訶薩。在仏会中。而此菩薩摩訶薩。已能修行甚深般若波羅蜜多。観見五蘊自性皆空

爾時尊者舎利子。承仏威神。前白観自在菩薩摩訶薩言。若善男子善女人。於此甚深般若波羅蜜多法門。楽欲修学者。当云何学

時観自在菩薩摩訶薩。告尊者舎利子言。汝今諦聴為汝宣説。若善男子善女人。楽欲修学此甚深般若波羅蜜多法

門者。当観五蘊自性皆空。何名五蘊自性空耶。所謂即色是空即空是色。色無異於空。空無異於色。受想行識亦復如是。舎利子。此一切法如是空相。無所生。無所滅。無垢染。無清浄。無増長。無損減。舎利子。是故空中無色。無受想行識。無眼耳鼻舌身意。無色声香味触法。無眼界。無眼識界。乃至無意界。無意識界。無無明。無無明尽。乃至無老死。亦無老死尽。無苦集滅道。無智。無所得。亦無無得。舎利子。由是無得故。菩薩摩訶薩。依般若波羅蜜多相応行故。心無所著。亦無罣礙。以無著無礙故。無有恐怖。遠離一切顛倒妄想。究竟円寂。所有三世諸仏。依此般若波羅蜜多故。得阿耨多羅三藐三菩提。是故応知。般若波羅蜜多。是広大明。是無上明。是無等等明。而能息除一切苦悩。是即真実無虚妄法。諸修学者。当如是学。我今宣説般若波羅蜜多大明曰

怛𩕳（切身）他（引一句）唵（引）誐帝（引）誐帝（引二）播（引）囉誐帝（引三）播（引）囉僧誐帝（引四）冐提莎（引）賀（引五）

舎利子。諸菩薩摩訶薩。若能誦是般若波羅蜜多明句。是即修学甚深般若波羅蜜多

爾時世尊。従三摩地安詳而起。讃観自在菩薩摩訶薩言。善哉善哉。善男子。如汝所説。如是如是。般若波羅蜜多。当如是学。是即真実最上究竟。一切如来亦皆随喜

仏説此経已。観自在菩薩摩訶薩。并諸苾芻。乃至世間天人阿修羅乾闥婆等。一切大衆。聞仏所説皆大歓喜。信受奉行

仏説聖仏母般若波羅蜜多経

(4) 解題

この経には大本（広本）と小本（略本）と二種のサンスクリット本が伝えられていて、ともにPrajñāpāramitā-hṛdaya-sūtraと称する。小本と大本とは所説の内容については差違はないが、大本は小本に相当するものの前後に序論（序分）と結末の文句（流通分）とがついている。

小本は玄奘訳の『般若心経』に相当するものであるが、興味深いことにはそのサンスクリット写本が、インドにも他のアジア諸国にも残っていないで、わが日本の法隆寺に保存されているのである。これは六〇九年（推古天皇一七年）に小野妹子が中国から伝来したものであると伝えるが根拠は薄弱である。これの存在は日本では昔から知られていたらしく、江戸湯島の霊雲寺の浄厳《じょうごん》が法隆寺の原本を写したもの（一六九四年）が伝わっている（かれの『普通真言蔵』中巻におさめられている）。また『阿叉羅帖』（安政六年）の中にも古体のサンスクリット文字（梵字）で記されている。

法隆寺でこのような写本が発見されたことは、西洋のインド古文書学者にとっては大きな驚異であった。インド古文書学の確立者であったオーストリアのビューラー（Georg Bühler）は法隆寺写本について長文の論文を書いて、その学問的意義を論じていう、「法隆寺で発見された棕櫚の写本は、同類の一切の古文書よりもはるかにすぐれている。古文書学者にとって至上の意義をもたらすものである。六世紀の初めには北インドでは二つのやや異なった字体が行われていたことを示してくれた。またインドにおける碑文における字体の変化は一般文書の字体から影響されて起こったものであることも解った」など（G. Bühler : Palaeographical Remarks on the Horiuzi Palm-Leaf Mss. Appendix to F. Max Müller and Bunyiu Nanjio's *The Ancient Palm-leaves Containing the Pragñâ-pâramitâ-hridaya-sûtra and the Ushnîsha-vigaya-dhâranî*, pp. 61-95）。日本で発見された資料が、古代インド文化史の諸相を明らかにしてくれたのである。

法隆寺の写本は八世紀初めの書体であるとビューラーは解したが、干潟竜祥博士の研究によると、およそ八世紀後半に書写されたものであるという（「仏頂尊勝陀羅尼経諸伝の研究」『密教研究』第六八号、一九三九年）。これに基づいて日本では約六種の写本がつくられたが、とくに慈雲尊者が一七六二年（宝暦一二年）のころ木版にしたものは重要である。慈雲尊者の伝写本は『梵学津梁』のうちにおさめられ、その複製本が慈雲尊者百五十年遠忌奉賛会により一九五三年（昭和二八年）に刊行された。

法隆寺本の系統とならんで、澄仁本、すなわち最澄、円仁が中国からもってきた梵本を校訂した梵本なるものがあり、しばしば転写され、この系統に属する写本が現在約九本存する。京都の東寺の観智院には六種の梵本を蔵しているといわれている。

また小本はサンスクリット文を漢字で音写したものが『梵本般若波羅蜜多心経』㊅八巻八五一ページ

以下には『唐梵翻対字音般若波羅蜜多心経』としておさめられている）として伝わっている。その副題として「観自在菩薩が三蔵法師・玄奘のために親しく教授せし梵本にして潤色せず」と記されているのも、いかにも古代人の心が現れているようで面白い。これは敦煌で発見されたものであるが、現在大英博物館の蔵本となっているものを、『大正新修大蔵経』のうちに出版したものである。

ところでこれとほぼ同じものが日本にも伝わり、写本が若干存する。ただ漢字音訳の外にその漢字音訳をたよりとして悉曇文字に復したものが添えてあるが、誤りが多い（長田徹澄「燉煌出土東寺所蔵　両梵本玄奘三蔵音訳般若心経の研究」『密教研究』第五六号、一九三五年、四二―六二ページ参照）。

小本については白石（旧姓藤田）真道教授の詳細な研究がある。「般若心経略梵本の研究」（『日本仏教学協会年報』第一二年、一九三九年度、二六八―三〇四ページ）ここでは日本に伝わった諸写本、敦煌で発見された音写『心経』など十九種の写本を比較対校し、改訂試案を示してある。

大本はその写本が大和の長谷寺に伝わっているが、その原本は弘法大師の弟子である慧運が八三八年に入唐して八四七年に帰朝したときわが国にもたらしたもので、高野山の正智院に所蔵されていたという。またこれとほぼ同じものが中国にも伝えられていた。

大本に関しても白石真道教授による次の研究がある。

「広本般若心経の研究」（『密教研究』第七〇号、一九三九年、尾一—三二ページ）

ちなみに日本に伝わった『心経』の梵本に関しては次の研究がある。

中野達慧「梵漢般若心経異本集」（『日本大蔵経』第二〇巻、般若部章疏二）

月輪賢隆「皇国伝来梵文心経対照に就て」（『龍谷大学論叢』第三〇〇号、一九三一年、一〇八—一一四ページ）

長田徹澄「燉煌出土東寺所蔵　両梵本玄奘三蔵音訳般若心経の研究」（『密教研究』第五六号、一九三五年、四二—六二ページ）

〔原典出版〕

大本は最初にフランスのフェールによって刊行された。

H. L. Feel : *L'essence de la science transcendante en trois langues, tibétain, sanskrit, mongol.* Paris, 1866.

この内容はマックス・ミュラーの出版した中国写本とほぼ同じであるという。つづいてマックス・ミュラーは法隆寺写本と中国写本（*The Ancient Palm-leaves.* pp. 34-59）に基づいて、大本と小本との校訂本および英訳を（『仏頂尊勝陀羅尼』のテクストとともに）発表した。

F. Max Müller and Bunyiu Nanjio : *The Ancient Palm-leaves Containing the Pragñâ-*

pâramitâ-hridaya-sûtra and the Ushnîsha-vigaya-dhâranî. Oxford, Clarendon Press, 1884. *Anecdota Oxoniensia, Aryan Series*, vol.1, part 3.

〔対照出版〕

Shaku Hannya : The Prajna-paramita-hridaya-sutra. *The Eastern Buddhist*, Ⅱ (1922-23), pp.170-175（サンスクリット・チベット対照出版）・

橋本光宝「梵蔵蒙漢四訳対照広般若波羅蜜多心経」（『大正大学学報』第九輯・第一三輯、一九三一・一九三二年）

榛葉元水編『般若心経異本大成』上・下二巻（代々木書院、一九三二年）

これは梵蔵漢和英の異本と伝写本をすべて網羅した便利なものである。

〔漢訳〕

この経典はしばしば漢訳されたが、現在に残るのは、前述した音写本以外には、次の七種である。

（1）姚秦、鳩摩羅什（クマーラジーヴァ Kumārajīva）訳『摩訶般若波羅蜜大明呪経』一巻（(大)八巻八四七ページ下）

（2）唐、玄奘訳『般若波羅蜜多心経』一巻（(大)八巻八四八ページ中）

これが中国、日本ではもっとも多く読誦された。唐の貞観二三年（六四九）訳。

(3) 唐、法月重訳『普遍智蔵般若波羅蜜多心経』一巻（㊅八巻八四九ページ上）

これは大本の『心経』サンスクリット文に対応する。法月は中インドのマガダ国から来た僧であった。

(4) プラジュニャー（Prajñā 般若 七三四―八一〇頃）と利言等の訳『般若波羅蜜多心経』一巻（㊅八巻八四九ページ中）

これも大本に相当する。プラジュニャーは西北インドのカーピシヤ国から来た僧であったらしい。唐の貞元六年（七九〇）訳。

(5) 唐、智慧輪訳『般若波羅蜜多心経』一巻（㊅八巻八五〇ページ上）

これも大本に相当する。唐の咸通二年（八六一）訳。

(6) 唐、法成訳『般若波羅蜜多心経』一巻（㊅八巻八五〇ページ中）

これは敦煌の石室の中で発見された。やはり大本に相当する。唐の大中一〇年（八五六）訳。

(7) 宋、施護訳『仏説聖仏母般若波羅蜜多経』一巻（㊅八巻八五二ページ中）

これも大本に相当する。

〔チベット訳〕

この経典はチベット訳も存する。

Bcom-ldan-ḥdas-ma śes-rab-kyi-pha-rol-tu-phyin-paḥi sñiṅ-po (Bhagavatī-prajñā-pāramitā-hṛdaya)（『東北目録』二一、五三一）

このチベット訳は次の書のうちに出版または邦訳されている。

池田澄達『初等西蔵語読本』（山喜房仏書林、一九三二年、一―五ページ）

寺本婉雅『西蔵語文法』（内外出版印刷株式会社、一九二二年、一四八―一五七ページ）

〔蒙古語訳〕

蒙古語訳も存する。大本を伝え、比較的にチベット訳に近い。

清水亮昇「蒙古語訳の般若心経と蒙古語及び仏教蒙古語について」（『密教論叢』第二〇号、一九四〇年、六一―一〇四ページ）

蒙古語研究会（鈴江万太郎）発行『蒙古語般若心経』（一九二六年）

なお先にあげた橋本光宝氏の論文参照。

〔英訳〕

F. Max Müller : *Buddhist Mahayana Texts*. Part 2 : the Vajracchedikā etc., Oxford, Clarendon Press, 1894. *Sacred Books of the East*, vol. 49.

Shaku Hannya: *op.cit.* pp. 165–169.

〔邦訳並びに研究〕

榊亮三郎『解説梵語学』（京都専門学校、一九〇七年。第二版、一九三三年、京都、井上文鴻堂、二三九―二五〇ページ）

ここにはマックス・ミュラーの版本を若干訂正してある。また泉芳璟氏も一部補正し全原文と翻訳を発表されたとのことである（『マユーラ』第一号、一九三三年、七ページ、五二ページ以下、『入門サンスクリット』、三笠書房、一九四四年、二〇六―二〇九ページ）。これにたいしては荻原雲来博士の反駁がある（『雲来文集』一九三八年、八八六―八八七ページ）。

〔チベット訳からの仏訳〕

L. Feer: *Prajñâ pâramitâ hṛdaya Annales du Musée Guimet,* tome V, Paris, 1883, pp. 176–179.

〔漢訳からの英訳〕

（1）Samuel Beal : *A Catena of Buddhist Scriptures from the Chinese*. London, Trübner and Co., 1871.

(2) ditto: *Journal of Royal Asiatic Society*, N.S., I., 1865, pp. 25–29.

〔注釈〕

㈠この経典は中国でしばしば注解されたが、どれも玄奘訳にたいしてなされたものである。玄奘訳『般若心経』にたいする諸注釈を『昭和法宝総目録』第一巻（二一七―二一八ページ）には、中国における注釈七七部、日本における注釈四五部を列挙している。

唐、慧浄『般若波羅蜜多心経疏』一巻（卍続蔵経、四十一の三、二〇六枚以下）は唯識説の立場からの解説である。

唐、靖邁《せいまい》『般若波羅蜜多心経疏』一巻（卍続蔵経、四十一の三、二一三枚以下）は唯識説の立場からの解説である。著者は大慈恩寺の僧であった。

唐、基（慈恩大師　六三二―六八二）『般若波羅蜜多心経幽賛』二巻（(大)三三巻五二三ページ以下）は唯識説ないし法相宗の立場からの注解書である。

新羅、円測《えんじき》（六一三―六九六）『般若波羅蜜多心経賛』一巻（(大)三三巻五四二ページ以下）は玄奘門下の異端者の立場にあった西明寺の円測が自己の立場から空観を解説したものである。

唐、法蔵（賢首《げんじゅ》大師　六四三―七一二）『般若波羅蜜多心経略疏』一巻（(大)三三巻五五二ページ以下）は華厳宗の立場からの注解書である。「有に即して空を弁じ、空に即して有を弁ず」という立場をとっている。

提婆『般若波羅蜜多心経註』一巻（卍続蔵経、四十一の四、三一五枚以下）は『心経』の一字一句にたいして注釈を施してある。中天竺の提婆が述べたと称するが、それはおそらく後人の付加したものであろう、と卍続蔵経出版者は頭注を加えている。

宋、師会（十二世紀）『般若心経略疏連珠記《りゃくしょれんじゅき》』二巻（㊅三三巻五五五ページ以下）は法蔵の略疏をさらに復注したものである。

唐、明曠『般若波羅蜜多経疏』一巻（卍続蔵経、四十一の四、三三八枚以下）は天台の立場からの注解である。著者は妙楽大師の弟子であった。

唐、慧忠（南陽国師）『般若波羅蜜多心経註』一巻（同上、三九一枚以下）は禅家の立場からの注解である。慧忠が注し、さらに宋の芙蓉禅師道楷と慈受禅師懐深が付注を加えたものである。

明、宗泐《しゅうぼう》（一三一八—一三九一）如玘《にょき》（一三二〇—一三八五）同注『般若波羅蜜多心経註解《ちゅうげ》』一巻（㊅三三巻五六九ページ以下）は右の二人が詔を奉じて鳩摩羅什訳の『般若心経』を底本とし、ヴァスバンドゥなどの論を本として注解したもの。鳩摩羅什の訳を注解したという点で特徴がある。

『卍続蔵経』第四十一套の三から第四十二套の一までに、宋、明、清の注釈書約四十六種をおさめている。その他この経典にたいする多数の注釈書は小野玄妙師『仏書解説大辞典』第九巻（五九—八〇ページ）に一括して列挙説明している。なお『大正新修大蔵経』第八五巻参照。

㈡チベット大蔵経のうちには、この経にたいする注釈書が六部含まれている（『東北目録』三八一八—三八二三）。いずれも、もとはサンスクリット語で書かれたものであるが、今は原文は散佚し、チベット訳だけが残っているのである。

榛葉元水編『西蔵文般若心経註釈全集』

これは高野山大学所蔵デルゲ版の中の註疏七本の写真版である。

㈢日本の注釈としては、以下のものがある。

智光『般若心経述義』一巻（㊅五七巻三ページ以下、『日本大蔵経』第二〇巻般若部章疏二、一二ページ以下）

これは日本におけるもっとも古い注釈であり、三論宗の立場から述べられている。

天台宗には、

最澄『摩訶般若心経釈』一巻（『日本大蔵経』第二〇巻般若部章疏二、二八ページ以下）

があり、天台その他諸宗でもその後注釈が多数著された。

この経典は密教ではとくに重視された。

空海『般若心経秘鍵』一巻（㊅五七巻一一ページ以下）

これは秘密真言の趣意によって鳩摩羅什訳の『般若心経』を解釈したものである。心経は小乗、大乗、秘密乗すべてを含むという。この書は、鳩摩羅什訳の『般若心経』を解釈したものであると空海自身が記しているが、実際は玄奘訳の『般若心経』に基づいている。その事情は次のとおりである。

空海は『般若心経秘鍵』の冒頭で「此の経に数《あまた》の翻訳あり。第一に羅什三蔵の訳なり。今の所説の本は是れなり」と述べて、空海が『秘鍵』を撰述したときに底本としたのは羅什訳の心経であると明言している。そのために、空海のこの書は羅什訳に準拠したと一般にいわれているが疑わしい点がある。

〔Ⅰ〕空海があげている経題は『仏説摩訶般若波羅蜜多心経』であるが、大正蔵経によると、羅什訳の経題は『摩訶般若波羅蜜大明呪経』となっていて、一致しない。

この錯雑について勝又俊教博士（仏典講座32『秘蔵宝鑰・般若心経秘鍵』大蔵出版、一九七九年、三五六—三五七ページ）の考究によると、経題については、義浄訳『仏説般若波羅蜜多心経』（約七〇〇年）という題名から、空海は「仏説」の二字をとった。また羅什訳『摩訶般若波羅蜜大明呪経』という題名から「摩訶」の二字をとった。そうして玄奘訳『般若波羅蜜多心経』の題名の上に、空海が前掲の四字すなわち「仏説摩訶」を加えて「仏説摩訶般若波羅蜜多心経」という経の題名として『般若心経秘鍵』の中に引用し、これが流通本の経題となっているのだと考えられる。

ただし伝教大師最澄の『般若心経開題』によると、玄奘訳に基づいて三種の異本が存在していて、その一本には「仏説摩訶」の四字が加わっているというから、これによれば、弘法大師の依用したものはこの一本であったという可能性も考えられる（なお勝又、前掲書、四三六—四四一ページ参照）。

〔Ⅱ〕弘法大師が解釈している『心経』の本文は、空海の書き方からするならば、当然羅什訳でなければならないが、事実は玄奘訳を解釈しているのである。もっとも顕著な一例として、羅什訳では「観世音」となっているのに、空海の引用文では「観自在」となっていることがあげられる。全体として空海が玄奘訳に依存していることは疑いないが、ただし玄奘訳と異なるところもある。

空海が「唐の遍覚三蔵（＝玄奘）の翻訳には……『遠離』の下に『一切』の字を除く」といっているように、羅什訳には、「離一切顛倒夢想苦悩」とあるが、玄奘訳には、「遠離顛倒夢想」となっている。現在真言宗、禅宗などで読誦する流布本の玄奘訳では、「遠離一切顛倒夢想」となっているから、この点では空海は羅什訳に従っていたことになる。

空海の「般若心経祕鍵」の祕は、『大正新修大蔵経』『仏書解説大辞典』ともに「祕」の字を用いている。勝又博士の『弘法大師著作全集』第一巻には「秘」と記しているが、最近の用例に従ったのであろう。「祕」の方を可とする。

空海の『般若心経祕鍵』にたいしてまたおびただしい注釈書がある。そのうちで主要なものは、覚鑁《かくばん》（一〇九五—一一四三）『般若心経祕鍵略註《りゃくちゅう》』一巻（㊅五七巻一三ページ）

済暹（一〇二五—一一一五）『般若心経祕鍵開門訣《かいもんけつ》』三巻（㊅五七巻一八ページ）

などである。そのほか種々の注釈も著され、『日本大蔵経』般若部章疏におさめられてあるが、白隠慧鶴頌円慈注『般若心経毒語注』一巻（『日本大蔵経』第二〇巻般若部章疏二、九七ページ以下）は禅家の立場からの注解として有名である。

近世には全然別のかたちの解説も著された。

盤珪《ばんけい》永琢（一六二二―一六九三）『心経鈔』（国文東方仏教叢書、続、第三巻、講説部）

日本で『般若心経』の講義がなされて千年になるのに、それは漢文でばかり書かれていた。われわれ日本人のことばで書かれることがなかった。ところが盤珪はこの慣習を意識的に破った。われわれは日本人だから、日本人の話す平生のことば（平話）で語るべきだというのである。

ところがどうしたことだろう。こういうはっきりした自覚をもって書かれたこの書が、日本の学者の編纂した『大正新修大蔵経』続篇にも、『日本大蔵経』にも『大日本仏教全書』にも入っていない。一昔前までの仏教者は『般若心経』を講義する場合にもこの書を顧みようとしなかった。近代日本の仏教学者までが、漢文で偉そうに書かれたものは尊く、われわれのことばで書かれたものは賤しいという驚くべき権威至上主義にとりつかれていたように見受けられるのである。

『心経鈔』は盤珪永琢の著と伝えられているが、これについては疑問をもつ学者もいる。しかし禅学の専門学者は盤珪の著とみなしている。

『心経鈔』の著者の問題に関して篠田英雄氏は次のような疑問を私信で寄せられたことがある。

『盤珪に『心経鈔』なる著作があり（私は「禅門法語集」続編所収のものしか持たぬから、これに依るよりほかはない）、文庫の解説者はこれを盤珪の著作と信じているようだが、この件はもっと詳しく調べる必要があると思う。盤珪と同時代の天桂伝尊に「心経止啼銭」なる書があり、これは

『心経鈔』と内容的本質的に同じであるという（私は止啼銭を見ていないのでこのことを否定も肯定もできないが）。これについて鈴木大拙氏は、恐らく著者は天桂であって「盤珪にはこんな著述は無かったと云いたい」（文庫本「盤珪語録」281以下）と言っている。盤珪の禅風をみるとこの判断のほうが正しそうである。尤もこの「心経鈔」の中にもところどころに盤珪らしい口吻を見出すことは事実であるが。それにしても天桂には「止啼銭」のほかにも註釈めく著書がいくつかあるので「止啼銭」はもとよりそれらの著書と「心経鈔」とを詳密に比較してみないことには決定的に物言うわけにいかないだろうが』。

この問題について、わたくしは決定的な答えを述べることができないので、田上太秀氏を介して鏡島元隆師の御意見を伺ったところが「定かではないが、盤珪の著と考えてよいだろう。天桂のものは盤珪の模倣だろう」ということであった。

『般若心経』の国訳はいくらでもあるが、学問的にとくに重要なものは

椎尾弁匡国訳『摩訶般若波羅蜜多心経』（『国訳一切経』釈経論部、五下、大東出版社、一九三六年、二八九―二九四ページ）

である。

現在通俗的講義としてとくに有名なのは、

高神覚昇『般若心経講義』(角川文庫、一九五二年)である。

＊＊＊

この『般若心経』は大きな般若経典の中から一部分をとり出して、それに前後の文句を付加して、現形のようなものにまとめた、と考えられる。〔たとえば鳩摩羅什訳では「其舎利弗色空故」から「亦無得」にいたるまでの文は、同じく鳩摩羅什訳の『大品般若経』の習応品の文(㊅八巻二二三ページ上)とまったく一致しているといってよいほどである。〕ところが、習応品に対応する『大般若経』第四〇三巻観照品の文(㊅七巻一四ページ上)は、それとはかなり異なっている(椎尾博士、前掲書参照)。この点については、今後の研究に俟たねばならないであろう。

なお、この短い『心経』をサンスクリット原本から邦訳するにあたって、どの版によるべきか、いろいろ調べてみると、従前の諸出版に必ずしも従いがたい点があるのを見出し、けっきょく諸写本を参照しながら、自分でテクストを構成してみることにせざるを得なかった。その結果作成したものが、前掲の『般若心経』小本テクスト(一四三ページ以下)である。

この場合に白石真道教授の十七種の写本の対照表が助けになったことは言うまでもない。いまここでは二つのことをめざした。（1）おそらく諸写本のもとになったと思われる玄奘本（『唐梵翻対字音般若波羅蜜多心経』）と法隆寺本を尊重し、できるだけそれに近い形を示すこと。（2）原写本にない文字や文句は付け加えないこと。原写本を改めたり、また見出されない文字や文句を自信をもって付加することは、研究者にとってはひじょうに魅力のある仕事であるが、よほどの学殖を必要とするのみならず、なお危険である。よって平凡ではあるが、穏健なテクストをここに示すことにした。いま『心経』の邦訳をするためには、いちおうこれで充分であると思う。

【読者に】

ここに掲載されている「『般若心経』の究明」の一節は、岩波文庫本（『般若心経・金剛般若経』中村元／紀野一義訳註）の解題部分に中村先生が新たな原稿を追加されたものが基になっている。時間が許されたならば、おそらく、先生は「(4)解題」を主としてその後の研究成果を踏まえ必要な改訂をなされていたはずであるが、最晩年、原稿をお渡しくださった時点では、一九六〇年に岩波文庫本で公にされた部分に関しては、まだほとんど手が加えられていない状態であった。

したがって、「最近の研究」として、たとえばオリジナル原稿では、コンズ（Edward Conze）の Texts, Sources, and Bibliography of the Prajñāpāramitā-hṛdaya（*JRAS*. 1948）があげられており、一九六九年に公刊された *The Prajñāpāramitā Literature* には言及されていなかった。

いずれ、この方面の専門家によって、研究の多い『般若心経』に関する詳細なまとまった資料が公にされることであろうが、中村先生のこの解題は基礎的かつ重要な研究を通覧できる点で、その便宜は今も変わらないし、先生の新たな原稿も加味されているので、ここに掲載することにした。ただし、文献案内として最低限の改訂は加えてある。

この後の研究については、まとまった文献案内が載っているコンズの前掲書とともに、J. Silk, *The Heart Sūtra in Tibetan : A Critical Edition of the Two Recensions in the Kanjur* (*WSTB* 34. Wien, 1994) を参照されたい。

(堀内伸二)

2　全訳『金剛般若経』(漢訳書き下し文対照)

訳出にあたって

以前に岩波文庫の一冊として『般若心経・金剛般若経』を刊行したことがある。今回は漢訳の書き下し文を単独に読まれる方々も多かろうと想像されるので、漢訳語のいちいちについても、できるだけ懇切に説明したつもりである。

上段に鳩摩羅什（クマーラジーヴァ）訳の『金剛般若波羅蜜経』の漢文の書き下しを記した。この訳が日本では古来もっともよく読まれているので、とくに重要だからである。しかし意味の理解ということになると、どうしてもサンスクリット原典から直接に邦訳しなければならないので、コンズ出版本に基づいてその訳文を下段にのせて、漢訳書き下し文と対照させた。初めて仏教の経典を眼にするという方には、まず、下段のみを読み通されるようにおすすめする。

漢訳書き下し文は、鳩摩羅什訳『金剛般若波羅蜜経』の漢文が、高麗本をもとに、宋本、元本、明本、宮内省本を校合して『大正新修大蔵経』のうちに刊行されているので、ここにはそれに基づいたものを掲載することにした。

サンスクリット原本はコンズの校訂本（*Vajracchedikā Prajñāpāramitā*, ed. and tr. by Edward Conze,

Serie Orientale Roma XIII, Roma, 1957）により、節の分け方もそれに従ったが、節の数え方は古来中国・日本で用いられている昭明太子のつけたといわれる分節と同じことになる（なお、コンズの校訂本には訂正を要する箇所がある。本節の最後に訂正表を付した）。

【漢訳書き下し文】

金剛般若波羅蜜経《こんごうはんにゃはらみつきょう》

姚秦《ようしん》(1)の天竺《てんじく》三蔵(2)鳩摩羅什《くまらじゅう》(3)訳す

是《かく》の如くわれ聞けり。一時《あるとき》(4)、仏は、舎衛《しゃえ》(5)国の祇樹給孤独園《ぎじゅぎっこどくおん》(6)に在《い》まして、大いなる比《び》丘《く》(7)衆《しゅ》千二百五十人とともなりき。(8)

その時に世尊は、食時《じきじ》に衣《え》を著け、鉢《はつ》を持して、舎衛大城に入りて食を乞い、その城中において次第に乞い已《おわ》って、本処《ほんじょ》に還り、飯《はん》を食し訖《おわ》(9)って、衣鉢《えはつ》を収め、足を洗い已り、座を敷きて坐したまいき。

【サンスクリット原文和訳】

尊ぶべき、神聖な、智慧の完成に礼《らい》したてまつる(10)

1

私が聞いたところによると、――あるとき師(11)(12)は、千二百五十人もの多くの修行僧たち〔と、多くの求道者(13)・すぐれた人々(14)(15)〕とともに、シラーヴァスティー市(16)のジェータ林(17)、孤独な人々に食を給する長者の園(18)に滞在しておられた。

さて師は、朝のうちに、下衣をつけ、鉢と上衣とをとって(19)、シラーヴァスティー大市街を食物を乞うて歩かれた。師は、シラーヴァスティー大市街を食物を乞うために歩かれ(20)、食事を終えられた。食事が終わると、行乞《ぎょうこつ》から帰られ、鉢と上衣とをかたづけて、両足を洗い、設けられた座に両足を組んで、体をまっすぐにして、精神を集中して坐られた。そのとき、多くの修行僧たちは師の居られるところに近づいた。近づいて師の両足を頭に頂き、師のまわりを右まわりに三度まわって(21)、かたわらに坐った。

注

（1）姚秦《ようしん》――「後秦」ともいう。羌《きょう》族の姚萇《ちょう》が前秦王符堅を殺して建てた国。国の都は長安であって、三八四年から四一七年までつづいた。クマーラジーヴァ（鳩摩羅什）は二代の姚興に招かれて長安に入り、十二年間仏典翻訳のしごとに従事した。

（2）天竺三蔵――天竺とはインドのこと。三蔵とは経・律・論の三蔵（すなわち仏教聖典の三つの区分）に通暁した僧をさしていう。ただし鳩摩羅什は純粋のインド人ではないが、インド文化圏である中央アジアから来たので、このようによんだのである。

（3）鳩摩羅什――クマーラジーヴァ（Kumārajīva 三四四―四一三、一説には三五〇―四〇九）の音訳。中央アジアの亀茲《きじ》国（現名クッチャ Kucha）の生まれである。父はインド人で、母は亀茲国の王の妹であった。諸方を遊学して後、亀茲国で大乗仏教を宣揚し、四〇一年に姚秦の国王姚興に迎えられて長安に入り、十二年間に三百余巻の経典を漢訳した。かれの没年に関しては種々の異説があるが、塚本善隆博士の研究によると、かれは弘始一一年（四〇九）に没したと解するのが、もっとも穏当であり、かれは、五十二歳（四〇一）の末から六十歳（四〇九）まで長安で活動した（「鳩摩羅什の活動年代について」『印度学仏教学研究』第三巻第二号、一九五五年、二二四―二二六ページ）という。

（4）是の如くわれ聞けり。一時――仏教経典は如是我聞で始まり説法の時と場所・聴衆を述べて内容に入ることが多い。

（5）舎衛国――コーサラ（Kosala 後代のテクストでは Kośala）国の首都シラーヴァスティー（Śrāvastī）市。舎衛城という。釈尊に帰依したプラセーナジット（Prasenajit）王の居住地。

（6）祇樹給孤独園――サンスクリット原文は Jetavana 'nāthapiṇḍadasya-ārāma. 祇樹は Jeta-vana の訳で、ジェータ太子の園の意。〔サンスクリットにあてはめると、「ジェートゥリ太子の森」の意。ジェートゥリ（Jetṛ）は「戦勝者」の意味で、パセーナディ王の王子の名であった。俗語では合成語の中で Jeta となる。〕給孤独は anātha-piṇḍada の訳で、「孤独なる者に食を給する者」の意。スダッタ（Sudatta）長者の異名である。スダッタ長者が、ブッダ（仏陀）に奉献する精舎《しょうじゃ》の敷地を求めて探していたが、シラーヴァスティー市郊外にあるジェータ太子所有の林園を候補地とした。ところがジェータ太子はそれを高く売りつけようとして、その林園全体に金貨を敷きつめることを要求した。長者は、そのとおり、莫大な金貨を運んで来て、その土地を購入し、釈尊に寄進したという話は有名である。この地に建てられた精舎を祇樹給孤独園精舎、略して祇園精舎という。

(7) 比丘——二十歳以上の男子で、出家受戒した者。修行僧。

(8) 大いなる比丘衆……とともなりき——サンスクリット原文は mahatā bhikṣu-saṃghena.「大比丘の衆」ではなくて「比丘たちの大いなる（多勢の）衆」という意味である。

(9) 飯を食し——南方の伝統的・保守的仏教においては、ビクの食事は朝と昼の二回のみ。ここは朝食である。正午過ぎには食物を食べることを許されない。

(10) 尊ぶべき……礼したてまつる——この一文は後世に付加されたものであろう。チベット訳文には欠けていて、その代わりに『一切の仏と菩薩とに帰命したてまつる』（saṅs rgyas daṅ byaṅ chub sems dpaḥ thams cad la phyag ḥtshal lo）という一文がある。

(11) 師——原語バガヴァン（bhagavan）の訳。インドでは弟子は師にたいしてこの呼びかけを用いる（中村『ブッダのことば』岩波文庫本、二一〇ページの解説参照）。この翻訳では会話の部分ではすべて「師」と訳し、神格化されている場合にのみ「世尊」という慣用訳語を採用した。

(12) 私が聞いたところによると……あるとき師は——以上の定型句については一七三ページの注（1）参照。仏教の経典はすべてこの文句をもって始まる。コンズは「私があるとき聞いたところによると、——師は……」と訳している。ブラフなどの見解を採用したのであろう。しかし内容的には大した差違がないから、今は伝統的見解に従った。

(13) 求道者——「求道者」とは bodhisattva の訳である。漢訳では「菩薩」と音写し、「大士」「開士」などと訳す。

(14) すぐれた人——「すぐれた人」とは mahāsattva の訳である。漢訳では「摩訶薩」と音写し、「大衆生」「大有情」などと訳す。

(15) 多くの求道者・すぐれた人々——この二種の人々をこの場に加えるのは義浄訳のみである。後世の添加と考えられる。

(16) シラーヴァスティー市—— Śrāvastī.「舎衛城《しゃえじょう》」と漢訳される。現 Gonda 州の Sāhet-Māhet。仏陀の外護者プラセーナジット王（波斯匿《はしのく》王、パーリ語で Pasenadi, サンスクリット語で Prasenajit）の居住地で、コーサラ（Kosala）国の首都であった。仏教史上著名な大都市。

(17) ジェータ林——祇樹給孤独園に同じ。

(18) 孤独な人々に食を給する長者の園——注（6）参照。

(19) 下衣をつけ、鉢と上衣とをとって——チベット訳では「下衣と法衣をまとい、鉢を手にして」と解している。

(20) 食物を乞うために歩かれ……——サンスクリット文で piṇḍāya caritvā, kṛta-bhakta-kṛtyaḥ, paścād-bhakta-piṇḍa-pāta-pratikrāntaḥ, pātracīvaraṃ pratiśāmya とあるところが、チベット文ではいくらか短縮されている。bsod sñoms kyi phyir gśegs nas bsod sñoms kyi shal zas ḥjug tu gsol te ‖ shal zas kyi bya ba mdsad | lhuṅ zad daṅ chos gos bshag nas…… とある。

(21) 右まわりに三度まわって——「右遶三匝《うにょうさんそう》」という。古代インドでは、貴人に尊敬の意を表すとき、右脇を貴人に向けてその周囲を三度まわった。また、軍隊が凱旋して帰って来たときには、城壁のまわりを三回右まわりして城の中に入って行った。菩提樹などを拝するときにも、同様のことを行った（『マハーヴァンサ』一八・三六）。アジア諸国の仏教僧侶はこのきまりを守り、日本の寺院で法要のとき、本尊を中心に本尊に右肩を向けて行堂という行事をするのもこれに基づいている。現代のヒンドゥー教寺院でも本尊のまわりを右肩を向けてまわる。

【漢訳書き下し文】

時に長老須《しゅ》菩提①は、大衆の中に在り、すなわち、座より起《た》ちて、偏《ひと》えに右の肩を袒《はだぬ》ぎ②、右の膝を地に著け、合掌恭敬《くぎょう》して、仏に白《もう》して言わく、

「希《け》有《う》なり。世尊よ。如来③はよくもろもろの菩薩④を護念し、よくもろもろの菩薩に付《ふ》嘱《ぞく》したもう。世尊よ。善男子《ぜんなんし》・善女人《ぜんにょにん》⑤は、阿耨多羅三藐三菩提《あのくたらさんみゃくさんぼだい》の心⑥を発《おこ》さんに、まさに、いかんが住すべき、いかんがその心を降伏《ごうぶく》すべきや」と。

仏は言いたもう、

「よいかな、よいかな。須菩提よ。汝の説くところの如く、如来はよくもろもろの菩

【サンスクリット原文和訳】

2

ちょうどそのとき、スブーティ⑧長老もまた、その同じ集まりに来合わせて坐っていた。さて、スブーティ長老は座から起ちあがって、上衣を一方の肩にかけ⑨、右の膝を地につけ、師の居られる方に合掌して次のように言った。

「師よ。すばらしいことです。幸《さち》ある人よ⑩。まったくすばらしいことです⑪。如来・尊敬されるべき人・正しく目ざめた人⑫によって、求道者・すぐれた人々が《最上の恵み⑬》につつまれているということは。師よ。すばらしいことです。如来・尊敬されるべき人・正しく目ざめた人によって、求道者・すぐれた人々が《最上の委嘱⑭》を与えられているということは。

ところで、師よ。求道者の道に向かう⑮立派な若者や立派な娘⑯は、どのように生活し、どのように行動し、どのように心をもったらよいのですか」。

このように問われたとき、師⑰はスブーティ長老に向かって次のように答えられた――「まことに、まことに、スブーティよ。あなたの言うとおりだ。如来は求道者・すぐれた人々を最上の恵みでつつんでいる。如来は求道者・すぐれた人々に最上

薩を護念し、よくもろもろの菩薩に付嘱《ふぞく》す。汝は、今、諦《あきら》かに聴け、まさに汝のために説くべし。善男子・善女人は、阿耨多羅三藐三菩提の心を発さんに、まさにかくの如く住し、かくの如くその心を降伏すべし」。

「唯《いい》、然り。世尊よ。(7) 願わくは聴かんと欲す」。

の委嘱を与えている。だから(18)スブーティよ。聞くがよい。よくよく考えるがよい。求道者の道に向かう者はどのように生活し、どのように行動し、どのように心をたもつべきであるかということを、私はあなたに話して聞かせよう」。

「そうして下さいますように、師よ」と、スブーティ長老は師に向かって答えた。

注

(1) 須菩提——サンスクリット語のスブーティ(Subhūti)の音写。仏弟子の一人。空の思想をよく理解していたので、古来、解空第一あるいは無諍第一と伝えられる。かれが空を体得していたことは、すでに原始仏教聖典のうちに言及されている(たとえば『増一阿含経』第二十八巻、(大)二巻七〇七ページ下)。注(8)参照。

(2) 偏えに右の肩を袒ぎ——左肩に衣をまとい、右肩を露《あら》わに裸にすること。古代インドの礼法であり、現代でも南アジアの仏教僧侶の間ではなお行われている。注(9)参照。

(3) 如来——サンスクリット語は tathāgata. 人格を完成した立派な人。仏に同じ。注(12)参照。

(4) 菩薩——サンスクリット語のボーディサットヴァ(bodhisattva)の音写。さとりを求めて修行する者。求道者。漢訳では「開士」と訳すことがある。

(5) 善男子・善女人――サンスクリット語 kula-putra, kula-duhitṛ の慣用的訳語。kula は「家族・種族」、とくに「良家」の意で、「善」の意味はないが、kula-putra というときは、「生まれただしい息子」、kula-duhitṛ というときには「生まれただしい娘」の意味になる。本書では「立派な若者」「立派な娘」と意訳しておいた。注（16）参照。

(6) 阿耨多羅三藐三菩提の心――「〈この上ない正しいさとり〉に向かう心」の意。「阿耨多羅三藐三菩提」はふつうはサンスクリット語の anuttarā samyaksambodhiḥ の音写である。しかしここの原文には、「求道者の道に向かう者は、次のような心を……」とある。

(7) 唯、然り。世尊よ――「唯、然り」は、敬諾の意を表す。目上の人のことばを聞いて「さようでございます」とうなずくこと。この箇所のサンスクリット原文では evaṃ Bhagavan となっている。

(8) スブーティ――サンスクリット語は Subhūti.「須菩提」と音写し、「善現」「善吉」「善実」「妙生」など種々に訳される。仏弟子の一人。注（1）参照。

(9) 上衣を一方の肩にかけ――左肩に衣をまとい、右肩を裸にすること。「偏袒《へんだん》右肩」という。注（2）参照。

(10) 幸ある人――サンスクリット語は、スガタ（sugata）である。漢訳仏典ではしばしば「善逝《ぜんぜい》」と訳されている。

(11) 師よ。……まったくすばらしいことです――この一文がチベット訳には欠けている。

(12) 如来・尊敬されるべき人・正しく目ざめた人――サンスクリット語 tathāgata, arhat, samyaksambuddha の意訳。

（Ⅰ）この三語は、しばしば「如来・応供《おうぐ》・正等覚者《しょうとうかくしゃ》」と漢訳されている。いずれもブッダの別名であり、如来十号の初めの三つとされている。もとは原始仏教がおこった時代に、ジャイナ教その他諸宗教を通じて、すぐれた宗教家にたいする呼称であったが、それを仏教がとり入れてブッダの呼び名としたのである。「如来」の原語は tathāgata で、字義は「そのように行った人」で、インド一般に「完全な人格者」の呼び名であったが、中国・日本の仏教では「そのように（tathā）〔生けるものどもを救うために〕来りし人（āgata）」と解し、救済者的性格を付与して「如来」と訳した。

（Ⅱ）ところで『金剛経』のこの箇所においては、tathāgatena-arhatā samyaksambuddhena と単数で示されているから、多くのブッダがあるうちの一人としての釈尊に言及しているのである。

(13) 最上の恵み——サンスクリット原文 parama-anugraha の訳。アサンガ（Asaṅga 無著《むじゃく》）の注釈書 Vajracchedikāprajñāpāramitā-sūtra-śāstra-kārikā（以下、注釈書というときはこれをさす）には、「最上の恵みとは、身体ならびにそれに関連した行のことであると知るべきである」（paramo 'nugraho jñeyaḥ śarīraḥ saparigrahaḥ. p. 54）という。

(14) 最上の委嘱——サンスクリット原文 paramā parīndanā の訳。注釈書によれば、「また最上の委嘱とは、すでに得ているものも、未だ得ていないものも両方ともに手離すことはないということであろう」（prāptāprāptāvihānau ca paramā syāt parīndanā. p. 54）という。

(15) 求道者の道に向かう——サンスクリット原文には bodhisattva-yāna-samprasthita となっている。直訳すれば、「菩薩の乗り物で進んで行く者」という意味。

(16) 立派な若者や立派な娘——サンスクリット原文は kulaputro vā kuladuhitā vā. その語義は「良家の息子あるいは良家の娘」の意。鳩摩羅什訳と真諦訳には「善男子・善女人」となっているが、これが漢訳一般におけるふつうの訳である。他の諸漢訳には「菩薩」とあるが、それは趣意をとって訳したのであろう。ちなみにチベット文には「立派な若者や立派な娘」という句が欠けている。注（5）参照。

(17) 師——以下において師（bhagavat）とあれば、それは釈尊に言及しているのである。

(18) だから——サンスクリット原文には tena とあるも、チベット文に deḥi phyir（それ故に）とあるのに従った。

【漢訳書き下し文】

仏は、須菩提に告げたもう、

「もろもろの菩薩・摩訶薩[1]は、まさにかく

【サンスクリット原文和訳】

3

師はこのように話し出された——「スブーティよ。ここに、求道者の道に向かう者は、次のような心をおこさなければなら

の如く其の心を降伏すべし。

『あらゆる一切衆生の類《たぐい》、もしくは卵生《らんしょう》[2]、もしくは胎生[3]、もしくは湿生《しつしょう》[4]、もしくは化《け》生《しょう》[5]、もしくは有色《うしき》[6]、もしくは無色[7]、もしくは有想《うそう》[8]、もしくは無想[9]、もしくは非有想《ひうそう》、非無想なるものを、われは、皆、無余涅槃《むよねはん》[10]に入れて、これを滅度《めつど》せしむ[11]。かくの如く無量無数《しゅ》無辺の衆生を滅度せしめたれども、実には衆生の滅度を得る者無し』と。

何を以ての故に。須菩提よ。もし菩薩に、我相[12]・人相[13]・衆生相《しゅじょうそう》[14]・寿者相《じゅしゃそう》[15]有《あ》らば、すなわち、菩薩に非ざればなり」。


ない。すなわち、スブーティよ――『およそ生きもののなかまに含められるかぎりの生きとし生けるもの、卵から生まれたもの、母胎から生まれたもの、湿気から生まれたもの、他から生まれず自ら生まれ出たもの[16]、形のあるもの、形のないもの、表象作用のあるもの、表象作用のないもの、表象作用があるのでもなく無いのでもないもの、その他生きもののなかまとして考えられるかぎり考えられた生きとし生けるものども[17]、それらのありとあらゆるものを、私は《悩みのない永遠の平安》[18]という境地に導き入れなければならない。しかし、このように、無数の生きとし生けるものを永遠の平安に導き入れても、じつはだれひとりとして永遠の平安に導き入れられたものはない』と。

それはなぜかというと、[19]スブーティよ。もしも求道者が、《生きているものという思い》[20]をおこすとすれば、もはやかれは求道者とは言われないからだ。

それはなぜかというと、スブーティよ。だれでも《自我という思い》をおこしたり、《生きているものという思い》や、《個体[21]という思い》や、《個人という思い》[22]などをおこしたりするものは、もはや求道者とは言われないからだ」。

注

(1) 摩訶薩――サンスクリット語のマハーサットヴァ（mahāsattva）の音写。偉大な人、すぐれた人、の意。

(2) 卵生――サンスクリット原文は aṇḍa-ja. 卵殻から生まれたもの。鳥類。

(3) 胎生――サンスクリット原文は jarāyu-ja. 母胎から生まれたもの。哺乳類。

(4) 湿生――サンスクリット原文は saṃsveda-ja. 湿気から生じたもの。昆虫類など。

(5) 化生――サンスクリット原文は aupapāduka. 神々や地獄の住人など、他の存在によらず、自ら忽然と生まれるもの。

(6) 有色――サンスクリット原文は rūpin. 形のあるもの。

(7) 無色――サンスクリット原文は arūpin. 形のないもの。

(8) 有想――サンスクリット原文は saṃjñin. 表象作用のあるもの。

(9) 無想――サンスクリット原文は asaṃjñin. 表象作用のないもの。

(10) 無余涅槃――サンスクリット原文はここでは anupadhiśeṣaḥ nirvāṇa(-dhātuḥ) であり、悩みのない永遠の平安（という境地）、の意。仏教徒の理想であるニルヴァーナに二種ある中の一つである。一切の煩悩を断ち切って未来の生死の原因を無くした者が、なお身体だけを残しているのを有余涅槃といい、その身体までも無くしたとき、無余涅槃という。具体的に言えば、無余涅槃とは迷いがまったく無い状態で死んで、永遠の真理に還って一体となった境地をさしている。

(11) 滅度せしむ――サンスクリット原文は parinirvāpayati. 「滅度」とは、入滅、涅槃のこと。

(12) 我相――サンスクリット原文は ātma-saṃjñā. 自我を実体視する考え。

(13) 人相――サンスクリット原文は pudgala-saṃjñā. 個人を実体視する考え。

(14) 衆生相――サンスクリット原文は sattva-saṃjñā. 生きものを実体視する考え。

(15) 寿者相――サンスクリット原文は jīva-saṃjñā. 個体あるいは個人の奥底に存在する生命力または霊魂を実体視する考え。jīva は「生きる」という語源に由来するので、漢訳者は「寿者」と訳したのである。

(16) 他から生まれず自ら生まれ出たもの――サンスクリット語は upapāduka である。ふつうは「化生《けしょう》」と漢訳されている。托する所なしに忽然として生まれたものである。神々（諸天）や宇宙の最初の人などはこれに属する。

(17) コンズ版本には sattvadhātu-prajñapyamānaḥ とあるも、sattvadhātuḥ pra-。と解すべきである。マックス・ミュラー本参照。

(18) 悩みのない永遠の平安――注（10）参照。

(19) それはなぜかというと――サンスクリット原文は tat kasya hetoḥ となっているが、hetoḥ が代名詞とともに用いられるときには、属格（genitive）と解すべきことを文法学者パーニニ（二、三、二六）が定めている（Speijer: *Sanskrit Syntax*, p. 138）。

(20) 生きているものという思い――原語 sattva-saṃjñā の訳。実体としての生きものが実存するという考えをさす。この他、自我 ātman・個体 jīva・個人 pudgala などを実体視するのは求道者の態度としてふさわしくないといわれている。

(21) 個体――そのサンスクリット語は jīva で、もとは「生命」を意味するが、インド思想一般では「個体」の意味に用いられている。ここでもそれを意味するにちがいない（仏教で生命原理を意味する語としては jīvitendriya「命根」があるから、これとは区別しなければならない）。

(22) ここであげられている「自我」（ātman）、「生きているもの」（sattva）、「個体」（jīva）、「個人」（pudgala）は、いずれも霊魂または人格主体を意味するものとして仏教の内外で考えられていたものなのである。

4

【漢訳書き下し文】

「また次に、須菩提よ。菩薩は法に[1]おいてまさに住するところ無く[2]して布施を行ずべ

【サンスクリット原文和訳】

「ところで、また、スブーティよ。求道者はものにとらわれて施しをしてはならない[5]。何かにとらわれて施しをしてはならな

し。

いわゆる、色に住せずして布施し、声《しょう》・香《こう》・味《み》・触《そく》・法に住せずして布施するなり。須菩提よ。菩薩はまさにかくの如く布施して相に住せざるべし。(3) 何を以ての故に。もし菩薩、相に住せずして布施せば、その福徳は思量すべからざればなり。須菩提よ。意においていかに。東方の虚空《こくう》は思量すべきや、いなや」。

「いなり。世尊よ」。

「須菩提よ。南西北方四維(4)上下の虚空は思量すべきや、いなや」。「いなり世尊よ」。

「須菩提よ。菩薩の、相に住すること無き布施の福徳も、またまた、かくの如く、思

い。形にとらわれて施しをしてはならない。声や、香りや、味や、触れられるもの(6)や、心の対象(7)にとらわれて施しをしてはならない。

このように、スブーティよ。求道者・すぐれた人々は、跡をのこしたいという思い(8)にとらわれないようにして施しをしなければならない。

それはなぜかというと、スブーティよ。もしも求道者がとらわれることなく施しをすれば(9)、その功徳が積み重なって、たやすくは計り知られないほどになるからだ。スブーティよ。どう思うか。東の方の虚空の量は容易に計り知られるだろうか」。

スブーティは答えた――「師よ。計り知られません」。

師は問われた――「これと同じように、南や西や北や下や上の方角など、あまねく十方の虚空の量は、たやすく計り知られるだろうか」。

スブーティは答えた――「師よ。計り知られません」。

師は言われた――「スブーティよ。これと同じことだ。もしも求道者がとらわれることなく施しをすれば、その功徳の積み重なりはたやすくは計り知られない。

じつにスブーティよ。求道者の道に向かうものは、このよう

量すべからず。須菩提よ。菩薩は、まだ、まさに教うるところの如くに住すべし」。

に、跡をのこしたいという思いにとらわれないようにして施しをしなければならないのだ」。

注

(1) 法――ここではものの意。サンスクリット原文には vastu となっている。おそらくインド仏教では一般的に「もの」を意味するのに dharma という語を用い、その原語が「法」と訳され、「法」とは「もの」のことであるという観念が中国一般に定着していたので、vastu を「法」と訳したのであろう。

(2) 住するところ無くして――何事も固定観念をもたずに、の意。

(3) 相に住せざるべし――「すがたにとらわれるな」の意。サンスクリット原文には yathā na nimitta-saṃjñāyām api pratitiṣṭhet.

(4) 四維――東、西、南、北の中間の四つの方角をいう。四隅といってもよいであろう。

(5) 求道者は……ならない――チベット訳では「求道者はものにとらわれることなしに施しをす〔べきであ〕る」となっている (byaṅ chub sems dpas dṅos po la mi gnas par sbyin pa sbyin no)。以下同様に「いかなるもの（法）にもとらわれることなしに施しをし、形にもとらわれることなしに施しをす〔べきであ〕る」という。鳩摩羅什の漢訳も同様である。

(6) 触れられるもの――漢訳の「触」。厳密には「触覚の対象」「触れられるもの」である (spraṣṭavya, reg-bya)。

(7) 対象――ダルマにはいろいろな意味があるが、ここでは意の対象をいう (dharma, chos)。

(8) 跡をのこしたいという思い――サンスクリット語 nimitta-saṃjñā の訳。ニミッタとは事物の表相のことである。具体的には私が・だれに・何をしてやった、という三つの念を離れて施与せよ、ということを教えているのである。これを仏教では「三輪空寂」とか「三輪清浄」という。「三輪」とは「施者」「受者」「施物」をいう。

(9) もしも……すれば――チベット訳では「もしも求道者がとらわれることのない施しをすれば」となっている (byaṅ chub

sems dpaḥ gaṅ mi gnas paḥi sbyin pa sbyin pa deḥi bsod nams kyi phuṅ po yaṅ tshad gzuṅ bar sla ba ma yin no)。

【漢訳書き下し文】

「須菩提よ。意においていかに(1)。身相《しんそう》を以て(2)如来を見るべきやいなや」。

「いななり。世尊よ。身相を以て如来を見ることを得べからず。何を以ての故に。如来の説きたまえるところの身相は、すなわち、身相に非ざればなり」。

仏は、須菩提に告げたもう、「およそあらゆる相は皆これ虚妄《こもう》なり。もし諸相は相に非ずと見るときは、すなわち如来を見る」。

【サンスクリット原文和訳】

「スブーティよ。どう思うか。如来は特徴(3)をそなえたものと見るべきであろうか」。

スブーティは答えた――「師よ。そう見るべきではありません。如来は特徴をそなえたものと見てはならないのです。それはなぜかというと、師よ。『特徴をそなえているということは特徴をそなえていないことだ』と、如来が仰せられたからです」。

このように答えられたとき、師はスブーティ長老に向かって次のように言われた――「スブーティよ。特徴をそなえているといえば、それはいつわりであり、特徴をそなえていないといえば、それはいつわりではない。だから、特徴があるということと、特徴がないということとその両方から如来を見なければならないのだ」。

注

（1）意においていかに――どう思うか、の意。

（2）身相を以て――サンスクリット原文では lakṣaṇa-sampadā. 身体的特徴（lakṣaṇa）すなわち三十二相をそなえたものとして、の意。

（3）特徴――サンスクリット語 lakṣaṇa の訳。「相」と漢訳する。仏の特徴といわれる「三十二相」のことをいう。仏にのみ存し、凡夫にはない三十二の身体的特徴をいう。

【漢訳書き下し文】

須菩提は、仏に白《もう》して言わく、「世尊よ。頗る衆生有りて、かくの如き言説章句を聞きて実信を生ずることを得るや、いなや」。

仏は、須菩提に告げたもう、「この説を作《な》すことなかれ、如来の滅後、後の五百歳に、戒を持し、福を修むる者有《あ》りて、この章句において、よく信心を生じ、これを実なりとなさん。まさに知るべし。この人は、一仏二仏三四五仏において善根《ぜんごん》を種《う》え

【サンスクリット原文和訳】

6

このように言われたとき、スブーティ長老は、師に向かって次のように訊ねた(1)――「師よ。これから先、後の時世になって第二の五百年代に正しい教えが亡びる頃には、このような経典のことばが説かれても、それが真実だと思う(2)人々がだれかいるでしょうか」。

師は答えられた――「スブーティよ。あなたはそういうふうに言ってはならない。これから先、後の時世になって、第二の五百年代に正しい教えが亡びる頃に、このような経典のことばが説かれるとき、それが真実だと思う人々がだれかいるに違いない。

スブーティよ。また、これから先、後の時世になって、第二

しのみならず、すでに無量千万仏の所において、もろもろの善根を種《う》え、この章句を聞きて、乃至《ないし》、一念に浄信を生ずる者なることを。須菩提よ。如来は、このもろもろの衆生の、かくの如き無量の福徳を得んことを、悉く知り、悉く見るなり。何を以ての故に。このもろもろの衆生には、また、我相・人相・衆生相・寿者相無く、法相《ほっそう》も無く、また、非法相も無ければなり。何を以ての故に。このもろもろの衆生が、もし、心に相を取るときは、すなわち、我・人・衆生・寿者に著《じゃく》せられ、もし、法に相を取るときは、すなわち、我・人・衆生・寿者に著すればなり。何を以ての故に。も

の五百年代に正しい教えが亡びる頃に、徳高く、戒律を守り、智慧深い求道者・すぐれた人々は、このような経典のことばが説かれるとき、それは真実だと思うに違いない。スブーティよ。また、かれら求道者・すぐれた人々は、ひとりの目ざめた人（仏）に近づき帰依《きえ》したり、ひとりの目ざめた人のもとで善の根を植えたりしただけではなく、何十万という多くの目ざめた人々（諸仏）に近づき帰依したり、何十万という多くの目ざめた人々のもとで善の根を植えたりしたことのある人々であって、このような経典のことばが説かれるとき、ひたすらに清らかな信仰を得るに違いないのだ。

　スブーティよ。如来は目ざめた人の智慧でかれらを知っている。スブーティよ。如来は目ざめた人の眼でかれらを見ている。スブーティよ。如来はかれらをさとっている。スブーティよ。かれらすべては、計り知れず、数えきれない功徳を積んで、自分のものとするようになるに違いないのだ。

　それはなぜかというと、スブーティよ。じつにこれらの求道者・すぐれた人々には、自我という思いはおこらないし、生きているものという思いも、個体という思いも、個人という思いもおこらないからだ。また、スブーティよ。これらの求道者・

し、非法に相を取るときは、すなわち、我・人・衆生・寿者に著すればなり。この故に、まさに法を取るべからず。まさに非法をも取るべからず。この義を以ての故に、如来は常に説けり、『汝ら比丘よ。わが説法を筏の喩の如しと知る者は、法すらなおまさに捨つべし。いかに況んや非法をや』と」。

すぐれた人々には《ものという思い》[3]もおこらないし、同じく、《ものでないものという思い》もおこらないからだ。また、スブーティよ。かれらには、思うということも、思わないということもおこらないからだ[4]。

それはなぜかというと、スブーティよ。もしも、かれら求道者・すぐれた人々に、《ものという思い》がおこるならば、かれらには、かの自我にたいする執着があるだろうし、生きているものにたいする執着、個体にたいする執着、個人にたいする執着があるだろうから。

もしも、《ものでないものという思い》がおこるならば、かれらには、かの自我にたいする執着があるだろうし、生きているものにたいする執着、個体にたいする執着、個人にたいする執着があるだろうからだ。

それはなぜだろうか。

じつに、また、スブーティよ。求道者・すぐれた人々は、法[5]をとりあげてもいけないし[6]、法でないものをとりあげてもいけないからだ。

それだから、如来は、この趣意で[7]、次のようなことばを説かれた——『筏の喩えの法門を知る人は、法をさえも捨てなければばならない。まして、法でないものはなおさらのことである』[8]と」。

注

（1）第二の五百年代――サンスクリット原文には直訳すると「後の五百年代に」（paścimāyāṃ pañcaśatyāṃ）となっている。釈尊がなくなって後五百年間は「正法」が世に行われ、教えと修行と証《さと》りの三つともに存在する時期、次の（第二の）五百年間は正法に似た「像《ぞう》法」の行われる時期で、教えと修行はあるが証りのない時期、それ以後は「末法《まっぽう》」の時代で、教えはあるが修行も証りもない法滅の時代が来るという説が後代には行われた。この説によると、第二の五百年代とは、「像法」の時代になる。しかし大乗仏教が興起した時代の一般的観念として、釈尊がなくなってから五百年たつと宗教的な変動があり、大乗経典が世の中に行われるようになると考えていた。このことはもろもろの大乗経典の記載からみても明らかである。故に『金剛経』もこの観念を受けて、第二の五百年代には仏教が乱れ、変動が起こる、と考えていたのであろう。「像法」ということばは、この経典の中には出てこない。

（2）真実だと思う――サンスクリット原文には、bhūta-saṃjñām（真実だという思いを）とあるが、コータン語訳本の同一箇所を、ステン・コノウは vitathāṃ saṃjñām（真実でないという思いを）と解読している（原文は kūra saṃña）。

（3）ものという思い――サンスクリット語は dharma-saṃjñā で、諸漢訳には「法想」と訳し、菩提流支訳には「法相」、鳩摩羅什訳には「取法相」とある。小乗仏教は「人無我」（実体としての個人存在の否定）を説くのにたいして、大乗仏教は「法無我」（個人存在の構成要素の一つ一つについて実体性を否定すること）を説くとふつういわれているが、この一節では明らかに「人無我」にたいして「法無我」を説き、前者を後者によって基礎づけている。仏教で説く「法」（dharma）という語はひじょうに多義であるが、今ここでは「実体としてのもの」と解して差し支えない（ここでは五位七十五法の体系で考える法よりも、もっと拡張された形而上学的意義をもっている）。

（4）思うということも……おこらないからだ――チベット文は「思うとか思わないとかいう思いも起こらないからだ」と解している（ḥdu śes daṅ ḥdu śes med par yaṅ ḥdu śes ḥjug par mi ḥgyur ro）。

（5）法――サンスクリット語は dharma である。この語がとくに「理法」を意味するときには、「法」と訳した。

（6）法をとりあげてもいけない――チベット文は「法を誤ってとりあげてはならない」と解している（chos kyaṅ log par gzuṅ bar mi bya ste）。

（7）この趣意で――マックス・ミュラーは、このサンスクリット原語として saṃdhāya を採用し、笠原研寿の示唆（玄奘の訳語に〈密意〉とあるもの）と、ビュルヌフの解釈（*Le Lotus de la Bonne Loi*, I, p.343）に基づいて、in a hidden sense の意に解した。コンズもアサンガの注釈およびチベット訳に基づいてこれを踏襲し、with a hidden meaning と訳している。漢訳には「以是義故」（鳩摩羅什訳・菩提流支訳・義浄訳）「如是義故」（菩提留支訳）「為如是義故」（真諦訳）「此義意」（笈多訳）等となっているが、チベット訳には de las dgoṅs te となっているから、マックス・ミュラーの推定はますます確かめられる。したがって、「この趣意で」と訳し得る。

（8）筏の喩えの法門……なおさらのことである――筏の喩えは多くの経典に記されている。たとえば、*MN*. I. p.135 (evam eva kho bhikkhave kullūpamo mayā dhammo desito nittharaṇatthāya no gahaṇatthāya. kullūpamaṃ vo bhikkhave ājānantehi dhammā pi vo pahātabbā pag eva adhammā. 修行僧たちよ、このように、わたしは、のり超えさせるために、執着させないために、筏の喩えの法を説いた。修行僧たちよ、じつに筏の喩えを知る汝らは、法さえも捨離しなければならない。まして、法でないものはなおさらのことである)。唯識説の開祖マイトレーヤは、法には教示の法と証得の法と二種あって、教示としての法が筏に喩えられるのだという（*Uttaratantra-śāstra*, ed. by Johnston, v.20, p.18f）。

【漢訳書き下し文】

「須菩提よ。意においていかに。如来にし

【サンスクリット原文和訳】

7

て阿耨多羅三藐三菩提を得んに、如来の説くところの法有《あ》りや」。

　須菩提は言わく、「われ仏の説きたもうところの義を解《げ》する如くんば、定《さだ》んで、法にして、阿耨多羅三藐三菩提と名《なづ》くるものは、有ること無し。

　また、定んで、法の、如来によりて説かるべきもの、有ること無し。何を以ての故に。如来の説きたもうところの法は、皆、取るべからず、説くべからざればなり。法にも非ず、非法にも非ず。一切の賢聖《けんしょう》は、皆、無為《むい》(1)の法を以て、しかも、差別有ればなり」。


さらに、また、師はスブーティ長老に向かってこのように問われた――「スブーティよ。どう思うか。如来が、この上ない正しいさとりであるとして現にさとっている法が何かあるだろうか。また、如来によって教え示された法が何かあるのだろうか」。

　こう問われたときに、スブーティ長老は師に向かってこのように答えた――「師よ。私が師の説かれたところの意味を理解したところによると、如来が、この上ない正しいさとりであるとして現にさとっておられる法というものは何もありません。また、如来が教え示されたという法もありません。それはなぜかというと、如来が現にさとられたり、教え示されたりした法というものは、認識することもできないし、口で説明することもできないからです。それは、法でもなく、法でないものでもありません。それはなぜかというと、聖者たち(2)は、絶対そのものによって顕《あらわ》されているからです(3)」。

注

（1）無為の法——この漢語をサンスクリット原語に還元すれば asaṃskṛta-dharma（造られたものとしてあるのではない存在）となる。現象としてあらわれている存在（有為法 saṃskṛta-dharma）ではなく、現象の背後にある「絶対的なもの」「無限定なもの」「存在の根源としての無規定なるもの」をさしている。「無為」（asaṃskṛta）は説一切有部など小乗仏教の教学においては、存在（＝法）と考えられていたので「無為法」と訳したのであろう。サンスクリット原文には asaṃskṛta とのみある。英訳ではしばしば the Unconditioned と訳される。

（2）聖者たち——直接には、諸仏、正しく目ざめた人々、をさしていると考えられる。

（3）絶対そのものによって顕されているからです——サンスクリット原文は asaṃskṛta-prabhāvitā hy ārya-pudgalāḥ である。prabhāvita という語が種々に理解されるため、意味のとりにくい文章となった。コンズは、種々の用例をあげて、次の五つの訳を例として掲げる。すなわち、「聖者たちは、絶対的なもの (1)から生じた (arisen) (2)の結果として力あるものとなる (become mighty and powerful, thrive) (3)によって優勢になる (prevail) (4)とかかわることにより傑出する (excel) (5)によって、認められる (recognized) 特徴づけられる (characterised) 顕される (revealed)」。そしてかれ自身の訳として Because an Absolute exalts the Holy Persons（何故なら、絶対なるものが聖者たちを高めるから）をあげる。かれも言うように、この訳は、ワレーザーの訳文 durch das Nichtgewirkte ausgezeichnet sind nämlich die Edlen.（何故なら、貴人たちは、造られたものでないものによって、特徴づけられているからだ）にもっとも近い。詳しく言えば、「聖者たちは、単なる現象的存在から高まって、無限定な、絶対者そのものとして生きているからだ」という意味になろう。漢訳では真諦訳に「一切聖人皆以無為真如所顕現故」とあり、かれ以後の諸訳はみなほぼ同様の意味に解している。チベット訳には ḥdus ma bgyis kyis rab-tu phye baḥi slad duḥo とある。

【漢訳書き下し文】

「須菩提よ。意においていかに。もし、人、三千大千世界①を満たす七宝②を、以て③用いて布施せんに、この人の得るところの福徳は、寧ろ多しとなすやいなや」。

須菩提は言わく、「甚だ多し。世尊よ。何を以ての故に。この福徳は、すなわち、また、福性に非ざればなり。この故に如来は、福徳多しと説きたもう」。

「もしまた、人有り、この経の中において、乃至四句の偈等を受持して④、他人のために説くときは、その福は彼よりも勝れたり⑤。何を以ての故に。須菩提よ。一切の諸仏および諸仏の阿耨多羅三藐三菩提の法

【サンスクリット原文和訳】

8

師は問われた――「スブーティよ。どう思うか。立派な若者や、あるいは立派な娘が、この《はてしなく広い宇宙⑥》を七つの宝で満たして、如来・尊敬されるべき人・正しく目ざめた人々に施したとすると、その立派な若者や立派な娘は、そのことによって、多くの功徳を積んだことになるであろうか」。

スブーティは答えた――「師よ。幸ある人よ。その立派な若者や立派な娘は、そのことによって、多くの、多くの功徳を積んだことになるのです。それはなぜかというと、師よ。『如来によって説かれた、功徳を積むということは、功徳を積まないということだ』と如来が説かれているからです。それだから、如来は、〈功徳を積む、功徳を積む〉と説かれるのです」。

師は言われた――「そこで、また、じつにスブーティよ。立派な若者や立派な娘があって、このはてしなく広い宇宙を七つの宝で満たして、如来・尊敬されるべき人・正しく目ざめた人々に施すとしても、この法門から四行詩ひとつでもとり出して、他の人たちのために詳しく示し、説いて聞かせる者⑦があるとすれば、こちらの方が、このことのために、もっと多くの、

は、皆、この経より出でたればなり。須菩提よ。いわゆる仏法とは、すなわち仏法に非ざるなり」。

計り知れず、数えきれない功徳を積むことになるのだ。それはなぜかというと、スブーティよ。じつに、如来・尊敬されるべき人・正しく目ざめた人々の、この上ない正しいさとりも、それから生じたのであり、目ざめた人である世尊らもまた、それから生まれたからだ。それはなぜかというと、スブーティよ。『目ざめた人の理法、目ざめた人の理法というのは、目ざめた人の理法ではない』と如来が説いているからだ。それだからこそまた《目ざめた人の理法》と言われるのだ」。

注

（1）三千大千世界――注（6）参照。

（2）七宝――『法華経』では金・銀・瑠璃《るり》・硨磲《しゃこ》・碼碯《めのう》・真珠・玫瑰《まいえ》。『無量寿経』では、四以下珊瑚・琥珀・硨磲・碼碯。『大智度論』では、三以下毗琉璃・頗梨《はり》・硨磲・碼碯・赤真珠。

玫瑰という字は『法華経』授記品第六（大九巻二一ページ下）、見宝塔品第十一（同上、三二ページ中）に出てくるが、日相本には「マイヱ」と読んでいる。財団法人東洋哲学研究所編『法華経一字索引』（一九七七年一〇月）も同様に読んでいる。

七宝の原語は次のとおりである。

〔授記品〕
金　suvarṇa
銀　rūpya

〔見宝塔品〕
金　suvarṇa
銀　rūpya

瑠璃	vaiḍūrya	琉璃	vaiḍūrya
硨磲	sphaṭika	車渠	musāragalva
碼碯	aśmagarbha	馬脳	aśmagarbha
真珠	lohitamukti	真珠	lohitamukti
玫瑰	musāragalva	玫瑰	karketana
	(*Saddh P*. ed. Wogihara, p.136, *ll*.16–17)		(*Saddh P*. p.207, *ll*.10–11)

aśmagarbha を「馬脳」と訳したのは、aśma が aśva（「馬」の意）に由来する俗語形であると解したのであろう。lohitamukti が「真珠」であることも、確かである。

（3）以て――「以」は「それを」という指示代名詞のような意味に解すべきである。ここでは「満三千大千世界七宝」を受けている。

（4）四句の偈等を受持して――四行詩等をとり出して身につけ、の意。

（5）その福は彼よりも勝れたり――無数の宝玉を布施するよりも福徳があるという趣意。

（6）はてしなく広い宇宙――サンスクリット語は trisāhasra-mahā-sāhasra-lokadhātu（三千大千世界）である。全世界を千集めたものを小千世界といい、小千世界を千集めて中千世界といい、中千世界を千集めて大千世界という。この大千世界は千を三度言われたのであるから、三千大千世界という。千の三乗の世界、すなわち十億の世界であるが、無限の数をさすのであるから、「はてしなく広い宇宙」と意訳しておいた。

（7）説いて聞かせる――サンスクリット原文は saṃprakāśayet となっているが、チベット文では「正しく説く」（yaṅ dag par rab tu ston na……）と解している。

【漢訳書き下し文】

「須菩提よ。意においていかに。須陀洹《しゅだおん》(1)は、よく、この念《おも》いを作して、『われ、須陀洹の果を得たり』とするや、いなや」。

須菩提は言わく、「いななり。世尊よ。何を以ての故に。須陀洹は名《なづ》けて入流《にゅうる》となせども、しかも入る所無ければなり。色声香味触法に入らざる、これを須陀洹と名《なづ》くるなり」。

【サンスクリット原文和訳】

9・a

(世尊がいわれた――)「スブーティよ。どう思うか。《永遠の平安への流れに乗った者》が、〈私は、永遠の平安への流れに乗った者という成果に達しているのだ〉というような考えをおこすだろうか」。

スブーティは答えた――「師よ。そういうことはありません。永遠の平安への流れに乗った者が、〈私は、永遠の平安への流れに乗った者という成果に達しているのだ〉というような考えをおこすはずはありません。それはなぜかというと、師よ。じつに、かれは何ものも得ているわけではないからです(2)。それだからこそ、《永遠の平安への流れに乗った者》と言われるのです。かれは、かたちを得たのでもなく、声や、香りや、味や、触れられるものや、心の対象、を得たわけでもありません。それだからこそ、《永遠の平安への流れに乗った者》と言われるのです。師よ。もしも、永遠の平安への流れに乗った者が、〈私は、永遠の平安への流れに乗った者という成果に達しているのだ〉というような考えをおこしたとすると、かれには、かの自我に対する執着があることになるし、生きているものにたいする執着、個体にたいする執着、個人にたいする執着があるということになりましょう」。

注

（1）須陀洹——サンスクリット語スロータ・アーパンナ（srota-āpanna）の音訳。「預流《よる》」「入流」とも意訳される。迷いを断ち切ってはじめて聖者の流類に入った者という意。聖者の段階をあらわす小乗仏教の聖者の楷梯である四向《しこう》または四果《しか》の初位である。原語を直訳すれば、「流れに入った」であるが、本書では「永遠の平安への流れに乗った者」と訳してある。

（2）何ものも得ているわけではないからです——原文は na hi sa…… kaṃcid dharmam āpannaḥ となっているが、チベット訳文には de ni ci la ḥaṅ shugs pa ma mchis paḥi slad du ste とあり、dharma という語は訳されていないから、それはせいぜい「もの」というほどの意味であろう。

【漢訳書き下し文】

「須菩提よ。意においていかに。斯陀含《しだごん》(1)は、よく、この念いを作して、『われ斯陀含の果を得たり』とするや、いなや」。

須菩提は言わく、「いななり。世尊よ。何を以ての故に。斯陀含を一往来と名《なづ》くれども、しかも、実には、往来無ければな

【サンスクリット原文和訳】

9・b

師は問われた——「スブーティよ。どう思うか。《もう一度だけ生まれかわってさとる者(2)》が、〈私は、もう一度だけ生まれかわってさとる者という成果に達しているのだ〉というような考えをおこすだろうか」。

スブーティは答えた——「師よ。そういうことはありません。もう一度だけ生まれかわってさとる者が、〈私は、もう一度だけ生まれかわってさとる者という成果に達しているのだ〉

り。これを斯陀含と名《なつ》くるなり」。

というような考えをおこすはずがありません。それはなぜかというと、もう一度だけ生まれかわってさとる者になったといっても、なにもそういうものがあるわけではないからです。それだからこそ、《もう一度だけ生まれかわってさとる者》と言われるのです」。

注

（1）斯陀含——サンスクリット語のサクリダーガーミン（sakṛdāgāmin）の音訳。「一来」と意訳される。小乗仏教の聖者の楷梯である四向または四果の第二位。原語を直訳すれば、「一度来る者」ということである。インドでは、さとった聖者は再び生をうけることがないといわれるが、斯陀含は、天か人かの世界にもう一度だけ生まれかわってさとり、それ以後はもう死後に天か人かの世界に生をうけることがないのである。すなわち人間の世界にあってこの果を得ると、必ず天上に往き、再び人間の世界に還って来てニルヴァーナに入る。また天上の世界でこの果を得ると、まず人間の世界に往き、再び天上に還ってニルヴァーナに入る。このように必ず一度天上と人間世界とを一往来するが故に、一往来果ともいう。

（2）もう一度だけ生まれかわってさとる者——注（1）参照。

【漢訳書き下し文】

「須菩提よ。意においていかに。阿《あ》那含《なごん》(1)は、よく、この念いを作して、『われ、阿那含の果を得たり』とするや、いなや」。

【サンスクリット原文和訳】

9・c

師は問われた——「スブーティよ。どう思うか。《もう決して生まれかわって来ない者》(2)が、〈私は、もう決して生まれかわって来ない者という成果に達しているのだ〉というような考

須菩提は言わく、「いななり。世尊よ。何を以ての故に。阿那含を名《なづ》けて不来となせども、しかも実には、来ること無ければなり。この故に阿那含と名《なづ》くるなり」。

えをおこすだろうか」。

スブーティは答えた――「師よ。そういうことはありません。もう決して生まれかわって来ない者が、〈私は、もう決して生まれかわって来ない者という成果に達しているのだ〉というような考えをおこすはずはありません。それはなぜかというと、師よ。じつに、もう決して生まれかわって来ない者になったといっても、何もそういうものがあるわけではないからです。それだからこそ、《もう決して生まれかわって来ない者》と言われるのです」。

注

(1) 阿那含――サンスクリット語のアナーガーミン(anāgāmin)の音訳。「不還《ふげん》」「不来」と意訳する。原語を直訳すれば、「決して帰って来ない者」ということである。欲界の煩悩を断じ尽くした聖者をいう。この聖者は欲界の煩悩を断ち尽くしていて、死後には色界、無色界に生じ、欲界には二度と生をうけないから、不還・不来などとよばれるのである。小乗仏教の聖者の階梯としての四向または四果の第三位である。

(2) もう決して生まれかわって来ない者――注(1)参照。

【漢訳書き下し文】

「須菩提よ。意においていかに。阿羅漢《あらかん》(1)は、よく、この念いを作して、『われ、阿羅漢

【サンスクリット原文和訳】

9・d

師は問われた――「スブーティよ。どう思うか。《尊敬され

道を得たり』とするや、いなや」。
　須菩提は言わく、「いななり。世尊よ。何を以ての故に。実に、法として、阿羅漢と名《なづ》くるもの、有ること無ければなり。世尊よ。もし阿羅漢にして、この念いを作して、『われ、阿羅漢道を得たり』とせば、すなわち、我・人・衆生・寿者に著《じゃく》せらる」。

るべき人[2]》が、〈私は、尊敬されるべき人になった〉というような考えをおこすだろうか」。
　スブーティは答えた――「師よ。そういうことはありません。尊敬されるべき人が、〈私は、尊敬されるべき人になった〉というような考えをおこすはずがありません。それはなぜかというと、師よ。じつに、尊敬されるべき人といわれるようなものは何もないからです。それだからこそ、《尊敬されるべき人》と言われるのです。師よ。もしも、尊敬されるべき人が、〈私は尊敬されるべき人になった〉というような考えをおこしたりすると、かれには、かの自我にたいする執着があることになるし、生きているものにたいする執着、個体にたいする執着、個人にたいする執着があるということになりましょう」。

注
（1）阿羅漢――サンスクリット語のアルハト（arhat）の音訳。「尊敬されるべき人」の意。「応供《おうぐ》」と漢訳される。四向または四果の最高位。原語の語源的意義は、「値ある人」であって、世の尊敬供養に値する者、の意味となるので、もとはブッダの十号の一つにも数えられた。しかし後世では小乗仏教の理想的修行者のことをいい、その意味で用いられている。
（2）尊敬されるべき人――注（1）参照。

【漢訳書き下し文】

「世尊よ。仏は、われを、『無諍三昧《むじょうざんまい》を得たる人の中にて最も第一(1)となす。これ第一の離欲の阿羅漢なり』と説かれたれども、われは、この念いを作さず、『われはこれ、離欲の阿羅漢なり』と。世尊よ。われ、もし、この念いを作して、『われ、阿羅漢道を得たり』とせば、世尊は、すなわち、『須菩提はこれ阿蘭那《あらんな》の行《ぎょう》を楽しむ者(2)なり、須菩提の、実には所行無きを以てして、しかも須菩提はこれ阿蘭那の行を楽しむと名《なづ》く』とは説きたまわざりしならん」。

【サンスクリット原文和訳】

9・e

「それはなぜかというと(3)、師よ。如来・尊敬されるべき人・正しく目ざめた人は、私のことを、《争いのない境地を楽しむ第一人者》と仰せられました。師よ。私は、尊敬されるべき人であり、欲望をはなれています。しかし、師よ。私は、〈私は尊敬されるべき人であり、欲望をはなれている〉というような考えはおこしません。師よ。もしも、私が、〈私は尊敬されるべき人という状態に達している〉というような考えをおこしていたとするならば、如来が私のことを、『立派な若者であるスブーティは、争いをはなれた境地を楽しむ第一人者であり、どこにもとらわれないから、争いをはなれた者(4)である。争いをはなれた者である』などと断言したりはなさらなかったでありましょう」。

注

(1) 無諍三昧を得たる人の中にて最も第一——サンスクリット原文は araṇā-vihāriṇām agryaḥ. a-raṇā は、「戦いなきこと」の意。そこで「無諍」(争いがない)と訳されている。戦いがない、とは、心の中の葛藤がないこと、ひいては、「迷いがないこと」である。原文を直訳すれば、「争いのない状態に住する者どもの中での最高の人」ということになる。しかしチベット訳は「煩悩なくして住している人々のうちでの最高の人」(ñon moṅs pa med par gnas pa rnams kyi mchog) と解している。

(2) 阿蘭那の行を楽しむ者——サンスクリット原文は araṇā-vihārin. 注 (1) 参照。

(3) それはなぜかというと——チベット文にはなし。

(4) 争いをはなれた者——ここでもチベット訳は「煩悩のない者」の意味に解している。

【漢訳書き下し文】

仏は、須菩提に告げたもう、「意においていかに。如来は昔、然灯仏《ねんとうぶつ》(1)の所に在りて、法において得るところ有りしや、いなや」。

「世尊よ。如来は然灯仏の所に在りて、法において、実には得るところ無し」。

【サンスクリット原文和訳】

10・a

師は問われた——「スブーティよ。どう思うか。如来が、尊敬されるべき人・正しく目ざめた人であるディーパンカラ(然《ねん》灯《とう》)如来(2)のみもとで得られたものが、何かあるだろうか(3)」。

スブーティは答えた——「師よ。そういうことはありません。如来が、尊敬されるべき人・正しく目ざめた人であるディーパンカラ如来のみもとで得られたものは、何もありません」。

注

(1) 然灯仏——サンスクリット語は Dīpaṅkara Tathāgata である。過去世の仏で、釈尊が未来に必ず仏となるべきことを予言した。釈尊以前にあらわれたと伝説的に伝える二十四人の仏のひとりともされている。ある伝説によると、釈尊が前生スメーダという名の苦行者であったとき、修繕中の道に身を横たえてディーパンカラ・ブッダを渡し、この仏から「汝は後にシャーキヤ族の聖者となろう」という授記を受けたという（*Dhammapada-Aṭṭhakathā*, I, p.83; *Jātaka*, I, pp.10-16; *Mahāvastu*, I, p.1）。

（2）ディーパンカラ（然灯）如来——注（1）参照。

（3）何かあるだろうか——チベット訳には「何か存在しないだろうか」（de gaṅ yaṅ ma mchis so）となっている。

【漢訳書き下し文】

「須菩提よ。意においていかに。菩薩は仏土を荘厳《しょうごん》するや(1)、いなや」。「いななり。世尊よ。何を以ての故に。仏土を荘厳すというは、すなわち、荘厳するに非ざればなり。これを荘厳と名《なづ》くるなり」。

【サンスクリット原文和訳】

10・b

師は言われた——「スブーティよ。もしも、ある求道者が、『私は国土の建設(2)をなしとげるだろう』と、このように言ったとすれば、かれは間違ったことを言ったことになるのだ。それはなぜかというと、スブーティよ。如来は『国土の建設、国土の建設というのは、建設でないことだ』と説かれているからだ。それだからこそ、《国土の建設》と言われるのだ」。

注

（1）仏土を荘厳する——仏国土を建設する、の意。

（2）国土の建設——サンスクリット原文は kṣetra-vyūha である。vyūha は、「配置、排列」「かざり」の意。鳩摩羅什、菩提流支の二訳には「荘厳仏土」とあり、他の諸訳もそれに近い。

【漢訳書き下し文】

「この故に、須菩提よ。もろもろの菩薩・摩訶薩[1]は、まさに、かくの如く、清浄《しょうじょう》の心を生ずべし。まさに色に住して[2]心を生ずべからず。まさに声香味触法に住して心を生ずべからず。まさに住するところ無くして、しかもその心を生ずべし[3]。

須菩提よ。譬えば、もし、人有りて、身は須弥《しゅみ》山王《せんのう》[4]の如しとせんに、意においていかに。この身を大となすや、いなや」。

須菩提は言わく、「甚だ大なり。世尊よ。何を以ての故に。仏は、『非身をこれ大身と名《なづ》く』と説かれたればなり」。

【サンスクリット原文和訳】

10・c

「それだから[5]、スブーティよ。求道者・偉大な人々は、とらわれない心をおこさなければならない。何ものかにとらわれた心をおこしてはならない。形にとらわれた心をおこしてはならない。声や、香りや、味や、触れられるものや、心の対象に、とらわれた心をおこしてはならない。

スブーティよ。たとえば、ここにひとりの人がいて、その体は整っていて大きく[6]、山の王スメール山[7]のようであったとするならば、スブーティよ、どう思うか。かれの体は大きいであろうか」。

スブーティは答えた――「師よ。それは大きいですとも。幸ある人よ。その体は大きいですとも。それはなぜかというと、師よ。如来は、『体、体、というがそんなものはない』と仰せられたからです[8]。それだからこそ、《体》と言われるのです。師よ。それは有でもなく、また、無でもないのです[9]。それだからこそ、《体》と言われるのです」。

注

（1）菩薩・摩訶薩――サンスクリット語のボーディサットヴァ・マハーサットヴァ（bodhisattvā mahāsattvāḥ）の音写である。

「求道者たち、偉大な人々」の意。ハリバドラは次のように解釈している。――「その人々の本質（sattva, n.）すなわち志願（abhiprāya）が、さとり（bodhi）、すなわち一切のことがらに執着しないで自己の目的を完成すること（bodhau sarva-dharmāsaktatāyāṃ svārtha-saṃpadi……）をめざしているところの人々が求道者（菩薩 bodhisattva）なのである。『それでは声聞（śrāvaka）だってそのようなものであろう』という疑問が起こるから、そこで『偉大な人々』ということを付け加えて言うのである。その人の本質が偉大なる、すなわち他人の目的（利益）の完成をめざしているのが偉大な人々（大士 mahāsattva）なのである。

また本文に述べるところとは異なって、『偉大な人』というだけであるならば、異教の立派な人々（tīrthika-sādhujana）のごとくであるかもしれない、という趣意で、『偉大な人』というのに並んで、『求道者』（bodhisattva）という語を付加していうのである」（Haribhadra ad *Aṣṭasāhasrikā*, ed. by Wogihara, p.22, *ll.* 13–16）。

この説明によると、菩薩は道心（bodhicitta 菩提心）を発《おこ》すのであるが、ハリバドラは、道心を次のように解釈している。

tenāpi bodhicittena na manyeta = bodhy-āvāhaka-jñāna-rūpeṇa na-ālambeta = abhiniveśaṃ na kuryād ity arthaḥ (Haribhadra, *op. cit.*, p.38, *ll.*5–6).

（2）色に住して――色や形にとらわれて、の意。

（3）まさに住するところ無くして、しかもその心を生ずべし――この句は古来有名である。日本では歌題とされたことがある。「哀なり雲井を渡る初雁も心あればぞねをば鳴くらん」（続拾遺集）。たとえば、愛して、愛にとらわれず、憎んで憎しみにとらわれない境地をいう。

なお、この句はとくに南宗禅において重要視せられ、頓悟説の典拠の一つとされた。六祖慧能はこの句を聞いてさとったといわれるが、それは後世に成立した伝えであるらしい。唐代の南宗禅では「而生其心」の四字に深い意義を認め寂知（本智）の用（はたらき）を強調する根拠としている。しかしともかくサンスクリット原文はこのように簡単なものである。本書の二四七ページには「まさに住するところ無き心を生ずべし（応生無所住心）」とあるが、そこの原文には「どんなものにもとらわれた心をおこしてはならない」となっていて、漢訳は積極的な表現に改めたおもむきがある。

(4) 須弥山王——山の王スメール山、の意。注(7)参照。

(5) それだから——そのあとにサンスクリット本には tarhi (それでは)、チベット本には ḥdi-ltar (このように) という語がある。

(6) その体は整っていて大きく——サンスクリット原文は upeta-kāyo mahā-kāyo であり、それを直訳すれば、「体をそなえ・大きい体のある」ということになる。チベット訳者はそのようにして訳している [(miḥi) lus daṅ ldaṅ shiṅ lus chen por gyur pa]。しかし「体をそなえ」というのは、あたりまえのことで、意味をなさない。おそらく upeta-kāya とは「その体は整っていて」という意味で、身体のすぐれた相のあることを意味しているのであろう。おそらくブッダの特徴である三十二相のそなわっていることをいうのであろう。ちなみに北京版ではただ「このような身体があって」(lus ḥdi ltar bur gyur te) と訳している。

(7) スメール山——原語は Sumeru で、古代インドの神話的宇宙観に説かれる大きな山。世界の中心。世界の一番下に風輪、その上に水輪、その上に金輪《こんりん》(地輪)があり、その上に九山八海があるが、その中心になっているのが、スメール山で、その頂上は帝釈天《たいしゃくてん》の居所であるという。

(8)『体、体、というが……』と仰せられたからです——チベット訳には「それは実体が無い、と仰せられたからです」(de dṅos po ma mchis par gsuṅs paḥi slad du ste) となっている。

(9) それは有でもなく、また、無でもないのです——チベット訳には「それは実体が無いと……」(de dṅos po ma mchis par……) と訳されている。

【漢訳書き下し文】

「須菩提よ。恒河《ごうが》の中の所所の沙の数の如

【サンスクリット原文和訳】

11

き、かくの如き沙に等しき恒河ありとせんに、意においていかに。このもろもろの恒河の沙は、寧ろ多しとなすや、いなや」。

　須菩提は言わく、「甚だ多し。世尊よ。ただもろもろの恒河すらなお多く、無数なり。いかに況んやその沙をや」。

「須菩提よ。われ今実言もて汝に告げん。もし、善男子・善女人有りて、七宝を以て、そこばくの恒河の沙の数ほどの三千大千世界を満たし、以《もっ》て用いて布施せんに、福を得ること多きやいなや」。

　須菩提は言わく、「甚だ多し。世尊よ」。

　仏は、須菩提に告げたもう、「もし、善男子・善女人有りて、この経の中においい

　師は問われた――「スブーティよ。どう思うか。ガンジス大河の砂の数だけガンジス河があるとしよう。それらの河にある砂は多いであろうか」。
　スブーティは答えた――「師よ。それだけのガンジス河でさえも、おびただしい数にのぼりましょう。まして、それらのガンジス河にある砂の数にいたってはなおさらのことです」。
　師は言われた――「私はあなたに告げよう。スブーティよ。あなたによく理解させよう。(1)それらのガンジス河にある砂の数だけの世界を、ある女なり、あるいは男なりが、七つの宝で満たして、如来・尊敬されるべき人・正しく目ざめた人々に施したとしよう。スブーティよ。どう思うか。その女なり、あるいは男なりは、そのことによって、多くの功徳を積んだことになるであろうか」。
　スブーティは答えた――「師よ。幸ある人よ。その女なりあるいは男なりは、そのことによって、多くの、多くの、計り知れず、数えきれない功徳を積んだことになるのです」。
　師は言われた――「じつに、また、スブーティよ。ある女なり、あるいは男なりがそれだけの世界を七つの宝(2)で満たして、如来・尊敬されるべき人・正しく目ざめた人々に施すとして

て、乃至四句の偈等を受持して、他人のために説かんに、しかもこの福徳は前の福徳に勝れたり」。

も、もしも立派な若者や、あるいは立派な娘が、[3]この法門から四行詩ひとつでもとり出して、他の人々のために示し、説いて聞かせるとすれば、こちらの方が、このことのために、いっそう多くの、計り知れず、数えきれない功徳を積むことになるのだ」。

注

（1）あなたによく理解させよう——チベット訳は「あなたは心に銘記すべきである」(khyod kyis khoṅ du chud par byaḥo) と解している。

（2）如来・尊敬されるべき人・正しく目ざめた人々に——サンスクリット原文は tathāgatebhyo ’rhadbhyaḥ samyaksambuddhebhyo…… と複数形になっているから、もろもろのブッダに言及しているのである。然灯仏のような過去の諸仏や、現在の釈尊、未来世の諸仏すべてに言及しているのである。そうして過去の仏のストゥーパに供養するということも実際に行われていた。

（3）立派な若者や、あるいは立派な娘が——この一句はチベット訳にはない。

12

【漢訳書き下し文】

「また次に、須菩提よ。随いてこの経の乃至四句の偈等を説かば、まさに知るべし、この処は、一切世間の天・人・阿修羅の、

【サンスクリット原文和訳】

「さらにまた、スブーティよ。どのような地方でも、この法門から四行詩ひとつでもとり出して、話したり、説いて[1]聞かせたりされるとすれば、その地方は、神々と人間とアスラたちを含

皆まさに供養すること、仏の塔廟の如くなるべきを。いかに況んや、人有りて尽くよく受持し、読誦せんをや。須菩提よ。まさに知るべし、この人は、最上第一希有《けう》の法を成就したることを、もしは、この経典所在の処には、すなわち、仏もしくは尊重の弟子有りとなすことを」。

む世界にとって、塔廟にもひとしいもの[2]となるだろう。ましてや、この法門を余すところなく記憶し、読み、研究し、他の人々のために詳しく説いて聞かせる[3]者どもがあるとすれば、スブーティよ、かれらは《最高の奇瑞をそなえた者》となるに違いない。

スブーティよ。そういう地方には師と仰がれる者が住み、また、さまざまな《聡明なる師の地位にある者[4]》が住むのだ」。

注

（1）アスラ——サンスクリット語は asura であるが、「阿修羅」と音写される。ペルシアの古語 ahura と語源を同じくするが、後代のインドでは「神（sura）でないもの」という通俗語源解釈が施され、仏教では一種の鬼神と考えられた。

（2）塔廟にもひとしいもの——サンスクリット原文は caitya-bhūta（直訳すれば、塔廟たるもの）である（チベット訳では mchod rten du gyur pa yin となっている）。チャイティヤは一般的には「廟所」をさし、ブッダ時代以前からあった。仏教では、ブッダまたは仏弟子の遺骨を納めた巨大な塚をストゥーパ（stūpa 塔）とよび、その他の聖物、たとえば鉢や経典などを納めた建造物をチャイティヤとよんで区別したが、後に混同して塔をチャイティヤとよぶことも行われた。「最大の尊敬を払われるべき塔廟と同じくらいに尊いもの」の意である。

（3）説いて聞かせる——「説いて聞かせたり」（samprakāśayet）とか、「他人のために詳しく説いて聞かせる」（parebhyaś ca vistareṇa samprakāśayisyanti）という句は、中央アジア本や諸漢訳にもない。ただわずかに義浄訳にのみ「及広為他宣説開示」とあるのみである。故に後世の付加であるにちがいない。だから大乗仏教でも伝道ということは後世になってとくに強調されたと考えられる。

（4）聡明なる師の地位にある者――サンスクリット原文は vijña-guru-sthānīyaḥ である（チベット訳では bla maḥi gnas となっている）。

【漢訳書き下し文】

その時に、須菩提は仏に白して言わく、

「世尊よ。まさにいかんがこの経を名《なづ》け、われら、いかんが奉持《ぶじ》すべき」。

仏は須菩提に告げたもう、

「この経を名《なづ》けて金剛般若波羅蜜(1)となす。この名字《みょうじ》を、汝は、まさに奉持すべし。所《ゆ》以《え》はいかに。須菩提よ。仏の般若波羅蜜を説けるは、すなわち、般若波羅蜜に非ざればなり」。

【サンスクリット原文和訳】

13・a

このように言われたときに、スブーティ長老は師に向かって次のように問うた――「師よ。この法門(2)の名は何と申しますか。また、これをどのように記憶したらよいでしょうか」。

このように問われたときに、師はスブーティ長老に向かって次のように答えられた――「スブーティよ。この法門は《智慧の完成》と名づけられる。そのように記憶するがよい。それはなぜかというと、スブーティよ。『如来によって説かれた《智慧の完成》は、智慧の完成ではない』と如来によって説かれているからだ。それだからこそ、《智慧の完成》と言われるのだ」。

注

（1）金剛般若波羅蜜――この経典の題名からも知られるように、サンスクリット語の vajracchedikā-prajñāpāramitā の訳である。しかしサンスクリット原典のこの箇所にはこの語は出ていない。vajracchedikā には、「能断金剛」という訳もある。金剛（vajra）は金剛杵、すなわち雷電であるという解釈と、金剛石であるという解釈とがある。能断（chedikā）は、よく断ち切る（煩悩・執着を断つ）の意。

（2）この法門――サンスクリット原文は ayaṃ dharma-paryāyaḥ で、菩提流支と玄奘とは「この法門」、笈多は「此世尊法」と訳しているが、鳩摩羅什は「此経」、真諦および菩提流支訳第二本には「是経典」とある。だから「法門」は具体的にいえば経典のことなのである。

【漢訳書き下し文】

「須菩提よ。意においていかに。如来によりて説かれたるところの法有りやいなや」。

須菩提は仏に白して言わく、「世尊よ。如来には、説くところ無し」。

「須菩提よ。意においていかに。三千大千世界のあらゆる微《み》塵《じん》、これを多しとなすやいなや」。

【サンスクリット原文和訳】

13・b

「スブーティよ。どう思うか。如来によって説かれた法というものが何かあるだろうか」。

スブーティは答えた――「師よ。そういうものはありません。如来によって説かれた法というものは何もありません」。

13・c

師は問われた――「スブーティよ。どう思うか。このはてしなく広い宇宙の大地の塵《ちり》は多いであろうか」。

スブーティは答えた――「師よ。それは多いですとも。幸あ

須菩提は言わく、「甚だ多し。世尊よ」。

「須菩提よ。(1)もろもろの微塵を、如来は、微塵に非ずと説き、これを微塵(2)と名《なづ》けたり。如来は、世界は世界に非ずと説き、これを世界と名《なづ》けたり」。

注

（1）須菩提よ……――以下の部分は、サンスクリット原文では、須菩提が世尊に対して述べていることになっている。

（2）微塵――微細な塵。この箇所のサンスクリット原文では rajas（塵）。チベット訳では rdul phra rab（＝paramāṇu 原子）とする。鳩摩羅什はじめ多くの訳者は「微塵」と漢訳している。

【漢訳書き下し文】

「須菩提よ。意においていかに。三十二相(1)を以て如来を見るべきや、いなや」。

「いなり。世尊よ。三十二相を以て如来を見ることを得べからず。何を以ての故に。如来は、三十二相は、すなわち、こ

る人よ。それは多いですとも。それはなぜかというと、師よ、『如来によって説かれた、大地の塵は、大地の塵ではない』と如来によって説かれているからです。それだからこそ、《大地の塵》と言われるのです。また、『如来によって説かれたこの世界は、世界ではない』と如来によって説かれているからです。それだからこそ《世界》と言われるのです」。

【サンスクリット原文和訳】

13・d

師は問われた――「スブーティよ。どう思うか。如来・尊敬されるべき人・正しく目ざめた人は、偉大な人物にそなわる三十二の特徴によって見分けられるであろうか」。

スブーティは答えた――「師よ。そうではありません。如来・尊敬されるべき人・正しく目ざめた人は、偉大な人物にそなわる三十二の特徴によって見分けられるものではありませ

れ、相に非ずと説かれたればなり。これを三十二相と名《なづ》くるなり」。

ん。それはなぜかというと、じつに、師よ。『如来によって説かれた、偉大な人物にそなわる三十二の特徴は、特徴ではない』と如来が説かれているからです。それだからこそ、《偉大な人物にそなわる三十二の特徴[2]》と言われるのです」。

注

（1）三十二相――仏がそなえている偉大な特徴。たとえば、広長舌相、足千輻輪相など。細目については経典によって小異がある。転輪聖王もこれを有する。

（2）偉大な人物にそなわる三十二の特徴――サンスクリット原文は dvātriṃśan-mahāpuruṣa-lakṣaṇāni であるが、チベット訳には「如来の三十二相」(de bshin gśegs paḥi mtshan sum cu rtsa gñis) となっている。

【漢訳書き下し文】

「須菩提よ。もし、善男子・善女人有りて、恒河の沙[1]に等しき身命を以て布施したりとせん。もしまた人有りて、この経の中において、乃至四句の偈等を受持し、他人のために説かんに、その福甚だ多し」。

【サンスクリット原文和訳】

13・e

師は言われた――「また、じつに、スブーティよ。ひとりの女、または男が、毎日、ガンジス河の砂の数だけの体を捧げ、このように捧げつづけて、ガンジス河の砂の数ほどの無限の時期の間、その体を捧げつづけたとしても、この法門から四行詩ひとつでもとり出して、他の人々のために教え示し、説いて聞かせる者があるとすれば、こちらの方が、このことのために、いっそう多くの、計り知れず、数えきれない功徳を積むことに

注

（1）恒河の沙——ガンジス河の砂の意。無数であることの喩え。

【漢訳書き下し文】

その時、須菩提はこの経を説きたもうを聞きて深く義趣[1]を解し、涕涙悲泣《ているいひきゅう》して仏に白して言わく、「希有《けう》なり。世尊よ。仏はかくの如き甚深《じんじん》の経典を説きたもう。われ昔よりこのかた、得るところの慧眼《えげん》もて、未だ曾て、かくの如きの経を聞くことを得ざりき。世尊よ。もしまた人有り、この経を聞くことを得て、信心清浄ならばすなわち実相《じっそう》を生ぜん。まさに知るべし、この人、第一希有の功徳を成就せんことを。世尊よ。これ、実相はすなわち、これ、非相

なるであろう」。

【サンスクリット原文和訳】

14・a

そのとき、スブーティ長老は、法に感動して涙を流した。かれは涙を拭ってから、師に向かってこのように言った——「師よ。すばらしいことです。幸ある人よ。まったくすばらしいことです。《この上ない道に向かう人々》のために[2]、《もっとも勝れた道に向かう人々》のために、この法門を如来が説かれたということは。そして、師よ。それによって、私に智が生じたということは。

師よ。私は、このような種類の法門を未だかつて聞いたことがありません。師よ。この経が説かれるのを聞いて、真実だという思いを生ずる求道者[3]は、この上ない、すばらしい性質をそなえた人々でありましょう。それはなぜかというと、師よ。真実だという思いは、真実でないという思い[4]だからです。それだからこそ、如来は、〈真実だという思い、真実だという思い〉

なればなり。この故に如来は説いて実相と名《なづ》けたもう」。

と説かれるのです」。

注

(1) 義趣――究極の趣旨。

(2) 《この上ない道に向かう人々》のために――サンスクリット原文は agra-yāna-saṃprasthitānāṃ sattvānām である。この語も、次の「《もっとも勝れた道に向かう人々》のために」(śreṣṭha-yāna-saṃprasthitānāṃ) という語も、中央アジア本、ギルギット本、コータン語本、チベット訳文にない。漢訳も、玄奘訳以外にはない。後世の付加であろう。それはつまり、「最上乗」というような大乗仏教的自覚は後に成立したものであることを示している。

(3) 求道者――このサンスクリット原文 bodhisattva はギルギット本、中央アジア本にはない。チベット訳にはただ sems can とあるから、その原文には sattva とだけあったのであろう。これらは後の付加である。

(4) 真実でないという思い――このサンスクリット原文は abhūta-saṃjñā であるが、中央アジア本では「思いの無いこと」(asaṃjñā) となっていて、チベット訳文 (ḥdu śes ma mchis pa) もこれを証する。

【漢訳書き下し文】

「世尊よ。われ今、かくの如き経典を聞くことを得て、信解《しんげ》し、受持するに難しとなすに足らず。もし、まさに来るべき世の、

【サンスクリット原文和訳】

14・b

[2]「しかし、師よ。この法門が説かれているときに、私がそれを受け入れ、理解するということは、それほど難しいことではありません。[3] しかし、師よ。これから先、後の時世になって、

後の五百歳[1]に、衆生ありて、この経を聞くことを得て、信解し、受持することあらば、この人をこそ、すなわち第一希有となすなり」。

第二の五百年代に正しい教えが亡びる頃に、ある人々がこの法門をとりあげて、記憶し、誦え、研究し、他の人々のために、詳しく説明するでありましょうが、その人々はもっともすばらしい性質をそなえた者ということになるでありましょう」。」

注

（1）後の五百歳——後の、あるいは第二の五百年代。正法の栄える五百年代につづく、次の五百年代。サンスクリット原文では、この時代が正法の亡びる頃であると述べている。二一七ページ注（1）参照。

（2）この一節はコータン本にはないし、玄奘訳以外の諸漢訳には出ていないかあるいは簡単に述べられている。この一節を省くと前後の両節がよくつながるから、おそらく後世の付加挿入であろう（宇井博士の説）。

（3）私が……難しいことではありません。——チベット訳には「この法門が説かれているのを私が考えて信ずることは、私にとっては信ずることではありません」(bdag chos kyi rnam graṅs ḥdi bśad pa la rtog ciṅ mos pa ni | bdag la mos pa ma lags) となっている。

【漢訳書き下し文】

「何を以ての故に。この人は、我相も、人相も、衆生相も、寿者相も無ければなり。ゆえはいかに。我相はすなわち、これ、相

【サンスクリット原文和訳】

14・c

「けれども、また、師よ。じつにそれらの人々には、自己という思いはおこらないし、生きているものという思いや、個体という思いや、個人という思いもおこらないでありましょう。ま

に非ず、人相も、衆生相も、寿者相も、すなわち、これ、相に非ざればなり。何を以ての故に。一切の諸相を離れたるを、すなわち、諸仏と名《な》づくればなり」。

注

(1) それらの人たちには……おこりません――この一文はチベット訳にはない。

(2) 自己という思いは……からです――この一文はチベット訳にはない。

【漢訳書き下し文】

仏は須菩提に告げたもう、「かくの如し、かくの如し。もしまた、人有り、この経を聞くことを得て、驚かず、恐れず、畏れざれば、まさに知るべし、この人は甚だ希有となす。何を以ての故に。須菩提よ。如来

た、それらの人たちには、思うということも、思わないということもおこりません。[1] それはなぜかというと、師よ。自己という思いは思わないということにほかなりませんし、生きているものという思いも、個体という思いも、個人という思いも、思わないということにほかならないからです。[2] それはなぜかというと、みほとけである世尊らは、一切の思いを遠く離れていられるからです」。

【サンスクリット原文和訳】

14・d

このように言われたとき、師はスブーティ長老に向かってこのように言われた――「そのとおりだ。スブーティよ。そのとおりだ。この経が[2]説かれるときに、驚かず、恐れず、恐怖に陥らない人々は、この上ない、すばらしい性質をそなえた人々である。それはなぜかというと、スブーティよ。如来の説かれたこの最上の完成は、じつは完成ではないからだ。[3] またスブーテ

は、『第一波羅蜜(1)は第一波羅蜜に非ず』と説かれたればなり。これを第一波羅蜜と名《なづ》くるなり」。

ィよ。如来が、最上の完成であると説いたそのことを、無量の、目ざめた人である世尊らがまた説いているからだ。それだからこそ、《最上の完成者》と言われるのだ」。

注

(1) 第一波羅蜜――サンスクリット原文は parama-pāramitā。最上の完成、の意。

(2) 経――サンスクリット語は sūtra で、チベット訳も同じ (mdo)。前にあげた「法門」なるものを、ここでは具体的に明示しているのである。

(3) 如来の……完成ではないからだ。――この一文はチベット訳にはない。

【漢訳書き下し文】

「須菩提よ。忍辱《にんにく》波羅蜜(1)を、如来は、忍辱波羅蜜に非ずと説きたもう。何を以ての故に。須菩提よ。われ昔、歌利《かり》王(2)のために身体を割截《かっせつ》せられたるときの如し。われ、その時において、我相も無く、人相も無く、衆生相も無く、寿者相も無かりき。何を以

【サンスクリット原文和訳】

14・e

「けれども、さらにまた、スブーティよ。じつに、如来における忍耐の完成は、じつは完成ではないのだ(5)。それはなぜかというと、スブーティよ。かつてある悪王(6)が私の体や手足から肉を切りとったそのときにさえも、私には、自我という思いも、生きているものという思いも、個体という思いも、個人という思いもなかったし、さらにまた、思うということも、思わないということもなかったから(7)である。

それはなぜかというと、スブーティよ。もしも、あのとき

ての故に。われ昔、節節を支解《しげ》せられし時において、もし、我相・人相・衆生相・寿者相あらんには、まさに瞋恨《しんごん》を生ずべかりしならん。須菩提よ。また過去を念《おも》うに、五百世③において、忍辱仙人④となり、そこばくの世において、我相も無く、人相も無く、衆生相も無く、寿者相も無かりき。この故に、須菩提よ。菩薩はまさに一切の相を離れて、阿耨多羅三藐三菩提の心を発《おこ》すべきなり。まさに色に住して心を生ずべからず。まさに声香味触法に住して心を生ずべからず。まさに住するところ無き心を生ずべし。もし、心に住あらばすなわち、住に非ずとなせばなり。この故に仏は、『菩

に、私に自我という思いがあったとすると、そのときにまた私に、《怨みの思い》があったに違いないし、もしも、生きているものという思いや、個体という思いや、個人という思いがあったとすると、そのときにまた私に、怨みの思いがあったに違いないからだ。

それはなぜかというと⑧、スブーティよ。私はありありと思い出す。過去の世に、五百の生涯の間、私が《忍耐を説く者》⑨という名の仙人であったことを。その際にも私には、自我という思いはなかったし、生きているものという思いもなかったし、個体という思いもなかったし、個人という思いもなかったからだ。

それだから、スブーティよ。求道者・すぐれた人々は、一切の思いをすてて、この上なく正しい目ざめに心をおこさなければならない。かたちにとらわれた心をおこしてはならない⑩。声や、香りや、触れられるものや、心の対象にとらわれた心をおこしてはならない。法にとらわれた心をおこしてはならない。法でないもの⑪にとらわれた心をおこしてはならない。どんなものにもとらわれた心をおこしてはならない。それはなぜかというと、とらわれているということは、とらわれていないという

薩は、心、まさに色に住して、布施すべからず』と説けり」。

ことだからだ。それだから如来は、『求道者はとらわれることなく施しをしなければならない。かたち[12]や、声や、香りや、触れられるものや、心の対象にとらわれないで、施しをしなければならない』と説かれたのだ」。

注

（1）忍辱波羅蜜――サンスクリット語は kṣānti-pāramitā. 忍耐の完成、の意。

（2）歌利王――サンスクリット語は Kali-rāja. 悪王、の意。注（6）参照。

（3）五百世――サンスクリット原文は pañca-jāti-śatāni. 五百の生涯、の意。

（4）忍辱仙人――歌利王がくり返し発する「だれか」との問いに「忍辱を修する仙人」と答え、答えるたびに臂・足・耳・鼻を切り落とされる、という話が『大毘婆沙論』巻一八二、『賢愚経』巻二などに伝えられている。この忍辱仙人は釈尊の過去世の多くの生涯の一つである。サンスクリット原文では「忍耐を説く者」（Kṣānti-vādin）という名の仙人」となっている。なお、忍辱論者（サンスクリット語は kṣānti-vādin）の物語はひろく伝えられた。国王が自らの肉を割いて窮鳥に与えるという物語は、仏典にしばしば現れる（アジャンター第二窟壁画）。図版による研究としては、Dieter Schlingloff: Der König mit dem Schwert. Die Identifizierung einer Ajantamalerei. 70 *WZKS*, Band XXI, 1977, S.57–70.

（5）完成ではないのだ――チベット訳には「完成がないのだ」(pha rol tu phyin pa med do) と訳している。

（6）悪王――マックス・ミュラー本には Kalinga-rāja チベット訳には Ka-liṅ-kaḥi rgyalpo となっているが、コータン語訳本も、ギルギット本も、カリ王 Kali-rāja となっており、漢訳も真諦訳・義浄訳以外は全部、歌利王・悪王となっている。カリ王すなわち悪王とすべきである。

（7）から――チベット訳によって補って訳した。

（8）それはなぜかというと――この一句はギルギット本、中央アジア本、チベット訳になし。
（9）忍耐を説く者――サンスクリット語は Kṣānti-vādin である。
（10）かたちに……ならない――チベット訳には「かたちにとらわれない心をおこすべきである」(gzugs la mi gnas par sems bskyed par byaho) となっている。以下の文も同様。
（11）法でないもの――サンスクリット原文は adharma であるが、チベット訳は「法のないこと」(chos med pa) と解している。
（12）かたちや……――以下の一文はチベット訳になし。

【漢訳書き下し文】

「須菩提よ。菩薩は一切衆生を利益せんがために、まさにかくの如く布施すべし。如来は『一切の諸相はすなわち、これ、相に非ず』と説けり。また、『一切の衆生はすなわち、衆生に非ず』と説けり。須菩提よ。如来はこれ真を語る者なり。実を語る者なり。如《によ》を語る者なり(1)。不誑《おう》を語る者なり(2)。不異を語る者なり」。

【サンスクリット原文和訳】

14・f

「さらに、また、スブーティよ。じつに、求道者は、生きとし生けるもののために、このような施しを与えなければならない。それはなぜかというと、スブーティよ。この生きものという思いは、思いでないということにほかならないからだ(3)。このように、如来が生きとし生けるものと説かれたこれらのものどもは、じつは生きものではない(4)。それはなぜかというと、スブーティよ。如来は真実を語る者であり、真理を語る者であり、ありのままに語る者であり、あやまりなく語る者であるからだ。如来はいつわりを語る者ではないのだ」。

注

（1）如《によ》を語る者――サンスクリット原文は tathā-vādin. ありのままに語る者、の意。

（2）不誑《おう》を語る者――サンスクリット原文は ananyathā-vādin. いつわりなく語る者、の意。

（3）思いでないということ――チベット訳は「思いなきこと」(ḥdu śes med pa) と訳している。

（4）生きものではない――チベット訳には「自体がない」(bdag ñid kyaṅ med paḥo) となっている。

【漢訳書き下し文】

「須菩提よ。如来の得るところの法、この法には、実も無く、虚《こ》も無し。須菩提よ。もし菩薩、心を法に住せしめて布施を行ぜば、人の、闇に入れば、すなわち、見るところ無きが如し。もし、菩薩にして、心を法に住せしめずして布施を行ぜば、人の、目有りて、日光明らかに照らして、種種の色を見るが如し」。

【サンスクリット原文和訳】

14・g

「さらに、また、スブーティよ。じつに、如来が現にさとられ、示され、思いめぐらされた法の中には、真理もなければ、虚妄《こもう》もない。スブーティよ。これをたとえて言うと、〔たとえ眼があっても〕[1]闇の中に入った人が何ものも見ないようなものだ。ものごとの中に堕《お》ちこんだ[2]求道者もそのようにみなすべきである。かれはものごとの中に堕ちこんで施しを与えるのだ。スブーティよ。また、これをたとえて言うと、眼をもった人は、夜が明けて太陽が昇ったときに、いろいろな彩りを見ることができるようなものだ。ものごとの中に堕ちこまない求道者もそのようにみなされるべきである。かれらはものごとの中に堕ちこまないで施しを与えるのだ」。

注

（1）たとえ眼があっても——チベット訳により補う。

（2）ものごとの中に堕ちこんだ——原語は、vastu-patita である。コータン語訳本に pratiṣṭhāpitaḥ（pārahi-pastä とらわれた）とあるように、ものごとに心をとらわれていること、執着していること、をさしている。

【漢訳書き下し文】

「須菩提よ。まさに来るべきの世に、もし、善男子・善女人有りて、よくこの経において、受持し、読誦《どくじゅ》せん(1)に、すなわち、ために、如来は、仏の智慧を以て、悉くこの人を知り、悉くこの人を見、皆、無量無辺(2)の功徳を成就することを得ん」。

【サンスクリット原文和訳】

14・h

「さて、スブーティよ。じつに、立派な若者たちや立派な娘たちが、この法門をとりあげ、記憶し、誦《とな》え、理解し(3)、他の人々に詳しく説いて聞かせるとしよう。スブーティよ。如来は、目ざめた人の智慧でこういう人々を知っている。スブーティよ。如来は目ざめた人の眼でこういう人々を見ている。スブーティよ。如来はこういう人々をさとっている。スブーティよ。これらすべての人々は、計り知れず、数えきれない福徳を積んで、自分のものとするようになるに違いないのだ」。

注

（1）読誦《どくじゅ》——サンスクリット原文は vācayati. 声を出して唱える、の意。

（2）無量無辺——サンスクリット原文は aprameyam asaṃkhyeyam. 計り知れなくはてしない、の意。

（3）理解し——サンスクリット原文は paryavāpnoti であり、チベット訳には kun chub par byed pa となっている。以下の諸節においても同様である。

【漢訳書き下し文】

「須菩提よ。もし善男子・善女人有りて、初めの日分に、恒河の沙に等しき身を以て布施し、中の日分にも、また、恒河の沙に等しき身を以て布施し、後の日分にも、また、恒河の沙に等しき身を以て布施し、かくの如く無量百千万億劫(1)、身を以て布施したりとせん。もし、また、人有りて、この経典を聞き、信心して逆らわずんば、その福は、かれに勝《すぐ》れたり。いかに況んや、書写し、受持し、読誦し、人のために解説《げせつ》せんをや」。

【サンスクリット原文和訳】

15・a

「また、じつに、スブーティよ。女なり男なりがあって、午前中に、ガンジス河の砂の数ほどの体を捧げ、同じように昼間にも、ガンジス河の砂の数ほどの体を捧げ、夕刻にも、ガンジス河の砂の数ほどの体を捧げ、この方法によって、無限に永い間、体を捧げるとしても、この法門を聞いて謗《そし》ったりしないならば、こちらの方が、このことのために、さらに多くの、計り知れず、数えきれない福徳を積むことになるのだ。況んや、書き写してから学び、記憶し、誦《とな》え、理解し、他の人々に詳しく説いて聞かせる者があれば、なおさらのことだ」。

注

（1）無量百千万億劫――サンスクリット原文は bahūni kalpa-koṭi-niyuta-śata-sahasrāṇi である。kalpa は「劫」と音訳され、

無限に永い時間をあらわす。koṭi は「十万」「億」と訳される。niyuta は nayuta ともいい、「那由他」と音訳され、「兆」と訳される。śata は「百」、sahasra は「千」である。原文を直訳すると「百の千の十万の兆の多くの劫」すなわち「百かける千かける十万かける兆かける、そのまた多くの劫」という意味である。「多くの百千億兆劫」とでもいったらよいであろうか。要するに想像を絶した無限の時間をさしているのであり、「無限に永い間」と訳し得る。インド人がいかに空想的に巨大な数字をもてあそんだかがわかる。

【漢訳書き下し文】

「須菩提よ。要を以てこれを言わば、この経には、不可思議、不可称量の無辺の功徳有り。如来は大乗を発《おこ》す者のために説き、最上乗を発す者のために説けり。もし、人有りて、よく受持し、読誦して、広く人のために説かば、如来は悉くこの人を知り、悉くこの人を見、皆、不可量、不可称にして、辺あること無き不可思議の功徳を成就することを得ん。かくの如きの人らは、す

【サンスクリット原文和訳】

15・b

「さらに、また、スブーティよ。じつに、この法門は不可思議で、比べるものがない。スブーティよ。如来はこの法門を、この上ない道に向かう人々のために、もっとも勝れた道に向かう人々のために説かれた。ある人々は、この法門をとりあげ、記憶し、誦《とな》え、理解し、他の人々に詳しく説いて聞かせるだろう。スブーティよ。如来は、目ざめた人の智慧によってこういう人々を知っている。スブーティよ。如来は目ざめた人の眼でこういう人々を見ている。スブーティよ。如来はこういう人々をさとっている。これらすべての人々は、計り知れない福徳を積んだことになるだろう。不可思議で、比べるものがなく、限りなく、無量の福徳を積んだことになるだろう。スブーティよ。これらすべての人々は、みずから目ざめに与《あずか》るようになる

なわち、如来の阿耨多羅三藐三菩提を荷担《かたん》すとなす。何を以ての故に。須菩提よ。もし、小法を楽《ねが》う者(1)は、我見・人見・衆生見・寿者見に著し、すなわち、この経において、聴受《ちょうじゅ》し、読誦し、人のために解説《げせつ》すること能わざればなり」。

だろう。(2)

それはなぜかというと、この法門を、信解の劣った人々は聞くことができないからだ。自己にたいする執着の見解ある人、生きているものにたいする執着の見解ある人、個体にたいする執着の見解ある人、個人にたいする執着の見解ある人々は聞くことができないからだ。求道者の誓いを立てない人々は、この法門を聞いたり、あるいはとりあげたり、あるいは記憶したり、あるいは誦えたり、あるいは理解したりすることはできない。そのようなことわりはあり得ないのだ」。

注

(1) 小法を楽う者——サンスクリット原文は hīna-adhimuktikaiḥ sattvaiḥ であって、法にあたる原語はない。hīna は「劣った」という意味で、hīna-yāna を「小乗」と訳すように、小法と意訳したのである。小法とは小乗のことであると考えてもよいであろう。

(2) みずから目ざめに与るようになるだろう——サンスクリット原文は samāṃśena bodhiṃ dhārayiṣyanti となっている。宇井伯寿博士は、漢訳全部が肩に関係させているのに基づき、samāṃśena は svāṃśena の写誤であると推定され、「自己の肩によって菩提を荷うであろう」と訳される。

コンズは従来の英訳を踏襲し、律蔵（*Vinaya* II, p.259）に eka-aṃsena dhāreyāsi（一向に……なりと知るべし）とある用例などを考慮しつつ、carry along an equall share of enlightenment と訳している。しかし、チベット訳文には sems can de-dag thams cad ṅaḥi byaṅ chub phrag pa la thogs par ḥgyur ro（一切衆生は自己のさとりを肩に担うであろう）

とあり、これをサンスクリットに直すと、svam aṃsena bodhiṃ dhārayiṣyanti になるが、これはサンスクリット写本に近い。

【漢訳書き下し文】

「須菩提よ。在在処処《ざいざいしょしょ》に、もしこの経有らば、一切世間の天・人・阿修羅の、まさに供養すべき所なり。まさに知るべし、この処は、すなわち、これを塔となして、皆まさに恭敬《くぎょう》し、作礼《さらい》し、囲繞《いにょう》し、もろもろの華香《けこう》を以て、その処に散ずべきことを」。

【サンスクリット原文和訳】

15・c

「けれども、さらにまた、スブーティよ。じつに、どのような地方でも、この経が説かれる地方は、神々と人間とアスラたちを含む世界が供養すべきこととなるだろう。その地方は右まわりに礼拝[1]されることとなるだろう。その地方は塔廟《とうびょう》にもひとしいものとなるだろう」。

注

（1）右まわりに礼拝――二〇三ページ注（21）参照。

【漢訳書き下し文】

「また次に、須菩提よ。善男子・善女人、この経を受持し、読誦して、もし、人のために軽賤《きょうせん》せらるるときは、この人、先世《せんぜ》の

【サンスクリット原文和訳】

16・a

「けれども、スブーティよ。立派な若者たちや立派な娘たちが、このような経典をとりあげ、記憶し、誦《とな》え、理解し、十分に思いめぐらし、また他の人々に詳しく説いて聞かせたとし

罪業にてまさに悪道に堕すべかりしを、今世に人に軽賤せらるる故を以て、先世の罪業すなわち消滅せられ、まさに阿耨多羅三藐三菩提を得べし」。

ても、[1]しかもそういう人たちが辱められたり、また甚しく辱められたりすることがあるかも知れない。これはなぜかというと、こういう人たちは前の生涯において、罪の報いに導かれる[2]ような幾多の汚れた行為をしていたけれども、この現在の生存において、辱められることによって前の生涯の不浄な行いの償いをしたことになり、目ざめた人のさとりを得るようになるのだ」。

注

（1）十分に思いめぐらし、また他の人々に詳しく説いて聞かせたとしても——この一句は中央アジア本、ギルギット本にないから、後代の付加であろう。

（2）罪の報いに導かれるような——サンスクリット原文は apāya-saṃvartanīya である。チベット訳は ṅan soṅ du skye bar ḥgyur ba となっている。漢訳にはしばしば「招悪趣」と訳される。apāyagati とあれば、漢訳では「悪趣」と訳される。コンズは liable to lead to the states of woe と訳している。

【漢訳書き下し文】

「須菩提よ。われは念う、過去無量阿僧祇劫に、然灯仏の前において、八百四千万億那由他《なゆた》の諸仏に値《あ》うことを得て、悉く皆、

【サンスクリット原文和訳】

16・b

「それはなぜかというと、スブーティよ。私はありありと思い出す。数えきれないほど無限の昔に、ディーパンカラ（然灯）という如来・尊敬されるべき人・正しく目ざめた人がおられ、

供養し、承事《しょうじ》して、空しく過ごす者無かりしことを。もしまた人有りて、後の末世において、よくこの経を受持し、読誦して得るところの功徳にたいし、われにおいて諸仏を供養するところの功徳は、百分の一に及ばず、千万億分、乃至、算数譬喩《さんじゅひゆ》も及ぶ能わざるところなり」。

それよりも以前、もっと以前に、数かぎりもない(1)目ざめた人々がおられた。私は、これらの人々に仕えて喜ばせ、仕えて喜ばせてはやめることがなかった(2)。

スブーティよ。私はこれらの目ざめた人々・世尊がたに仕えて喜ばせ、仕えて喜ばせるのを休むことはなかったけれども、後の時世になって第二の五百年代に正しい教えが亡びる頃になって、このような経典をとりあげ、記憶し、誦《とな》え、理解し、他の人々に詳しく説いて聞かせる者(3)があるとすれば、スブーティよ。また、じつに、こちらの方の福徳の積み方に比べると、前の方の福徳の積み方は、その百分の一にも及ばないし、千分の一にも、百千分の一にも、億分の一にも、百億分の一にも、百千億分の一にも、百千億兆分の一にも、及ばないのだ。数量にも(4)、区分にも、計算にも、譬喩にも、類比にも、相似にも、堪えることができないのだ」。

注

(1) 数かぎりもない――サンスクリット原文は **catur-aśīti-(buddha)-koṭi-niyuta-śata-sahasrāṇi** である。直訳すれば、「八十四の百千億兆倍の」となる。仏教では多数を示す場合に高い位の数に八十四をかけたものを用いる。

(2) 私は……なかった――サンスクリット原文は **ye mayā ārāgitā ārāgyā na virāgitāḥ** とあるが、マックス・ミュラー本には **ārāgyā** が **ārāgya** とあり、このほうが正しい形である。

(3) 他の人々に詳しく説いて聞かせる——中央アジア本、ギルギット本、チベット訳になし。

(4) 数量にも……——サンスクリット原文およびコンズの英訳は次のとおりである。数量 (samkhyā, number) 区分 (kalā, fraction) 計算 (gaṇanā, counting) 譬喩 (upamā, similarity) 類比 (upaniṣad, comparison) 相似 (aupamya, resemblance)。ただしチベット訳者は upaniṣad を原因 (rgyu) と解しているようである。

【漢訳書き下し文】

「須菩提よ。もし、善男子・善女人の、後の末世においてこの経を受持し、読誦するもの有らんに、得るところの功徳を、われ、もし、具《つぶ》さに説かば、あるいは人の、聞きて心すなわち狂乱し、狐疑《こぎ》して信ぜざること有らん。須菩提よ。まさに知るべし、この経の義は思議すべからず。果報もまた思議すべからず」。

【サンスクリット原文和訳】

16・c

「また、スブーティよ。もしも私が、これらの立派な若者たちや、立派な娘たちの積む福徳について説明するとしたならば、その際にこれらの立派な若者たちや立派な娘たちが、どれだけ福徳を積んだり、身につけたりするかを聞くに及んで、人々は気が変になったり、心が散乱したりするようになるだろう。さて、また、スブーティよ。じつに、この法門は不可思議である[1]と、如来は説かれたが[2]、その酬いも不可思議であると期待されるのだ」。

注

(1) 不可思議である——マックス・ミュラー校訂本は、「不可思議である」の次に atulyo (無比である) を加えているが、コンズは、ギルギット本およびチベット訳に基づいて、この語を省いている。

（2）如来は説かれたが——ギルギット本、チベット訳にはなし。

【漢訳書き下し文】

その時に須菩提は、仏に白して言わく、「世尊よ。善男子・善女人ありて、阿耨多羅三藐三菩提の心を発《おこ》さんに、いかんが、まさに住すべきや。いかんが、その心を降《ごう》伏《ぶく》すべきや」。

仏は、須菩提に告げたもう、「善男子・善女人にして阿耨多羅三藐三菩提を発さん者は、まさにかくの如き心を生ずべし、『われは、まさに一切衆生を滅度せしむべし。一切衆生を滅度せしめ已《おわ》りて、しかも、一の衆生も、実には滅度する者有ること無し（1）』と。何を以ての故に。須菩提よ。

【サンスクリット原文和訳】

17・a

そのとき、スブーティ長老は、師に向かって次のように問うた——「師よ。求道者の道に進んだ者は、どのように生活し、どのように行動し、どのように心をたもったらよいのですか」。

師は答えられた——「スブーティよ。ここに、求道者の道に進んだ者は次のような心をおこすべきだ。すなわち、『私は生きとし生けるものを、汚れのない永遠の平安という境地に導き入れなければならない。しかも、このように生きとし生けるものを永遠の平安に導き入れても、じつはだれひとりとして永遠の平安に導き入れられたものはないのだ』と。

それはなぜかというと、スブーティよ。もしも求道者が、《生存するもの》という思いをおこすとすれば、かれはもはや求道者とは言われないからだ。個体という思いや、ないしは個人という思いなどをおこしたりするものは、求道者とは言われないからだ。

それはなぜかというと、スブーティよ。《求道者の道に向か

もし菩薩に、我相と、人相と、衆生相と、寿者相と有らば、すなわち菩薩に非ず。ゆえはいかに。須菩提よ。実に、法として、阿耨多羅三藐三菩提を発すという〔ごとき〕もの、有ること無ければなり」。

った人》というようなものは何も存在しないからだ(2)」。

注

(1) われは、まさに一切衆生を……有ること無し――「仏は一切の生きとし生けるものを滅度させたが、じつは滅度させた衆生はいない」と言い、何かを実体としてとらえて固執するとたちまち誤ることを述べる。

(2) 存在しないからだ――チベット訳は理由に読んでいる。

【漢訳書き下し文】

「須菩提よ。意においていかに。如来の、然灯仏《ねんとうぶつ》の所において、法として、阿耨多羅三藐三菩提を得たりという〔ごとき〕もの、有るやいなや」。

「いなり。世尊よ。われ、仏の説きたも

【サンスクリット原文和訳】

17・b

「スブーティよ。どう思うか。如来がディーパンカラ如来のみもとで、この上ない正しいさとりを現にさとったというようなことがらが何かあるのだろうか」。

このように問われたときに、スブーティ長老は師に向かって次のように答えた――「師よ。私が師の仰せられたことばの意味を理解しているかぎりでは、如来が、尊敬されるべき人・正

うところの義を解《げ》する如くんば、仏は、然灯仏の所において、法として、阿耨多羅三藐三菩提を得たもうという〔ごとき〕もの、有ること無し」。

仏は言いたもう、「かくの如し、かくの如し。須菩提よ。実に、法として、如来の、阿耨多羅三藐三菩提を得るという〔ごとき〕もの、有ること無し。須菩提よ。もし、法として、如来の、阿耨多羅三藐三菩提を得るという〔ごとき〕もの有りとせば、然灯仏は、すなわち、われに受記《じゅき》を与えて、『汝は来世において、まさに仏となることを得て、釈迦牟尼《しゃかむに》と号せん』とは、せざりしならん。(1) 実には、法として、阿耨

しく目ざめた人であるディーパンカラ如来のみもとで、この上ない正しいさとりを現にさとられたというようなことがらは何もありません」。

このように言われたとき、師はスブーティ長老に向かってこのように言われた――「そのとおりだ。スブーティよ。そのとおりだ。如来が、尊敬されるべき人・正しく目ざめた人であるディーパンカラ如来のもとで、この上ない正しいさとりを現にさとられたというようなことがらは何もないのだ。

スブーティよ。もしも、如来が現にさとられた法が何かあるとするならば、ディーパンカラ如来が私のことを、『若者よ。(2) あなたは未来の世に、シャーキヤムニ(3)という名の如来・尊敬されるべき人・正しく目ざめた人となるだろう』などと予言したりはなさらなかっただろう。

けれども、スブーティよ。今、如来・尊敬されるべき人・正しく目ざめた人が、この上ない正しいさとりとして現にさとられたような法は何もないのだから、それだから、私は、ディーパンカラ如来によって『若者よ。あなたは未来の世に、シャーキヤムニという名の如来・尊敬されるべき人・正しく目ざめた人となるだろう』と予言されたのだ」。

多羅三藐三菩提を得るという〔ごとき〕もの有ること無きを以て、この故に、然灯仏は、われに受記を与えて、この言を作《な》す、『汝は来世において、まさに仏となることを得て、釈迦牟尼と号すべし』と」。

注

(1) われに受記を与えて……せざりしならん――サンスクリット原文は na vyākariṣyat である。「受記」(vyākaraṇa) とは、ブッダが、ある人にたいして、将来、目ざめた人になるだろうと予言することである。

(2) 若者よ――原語は māṇava で、チベット訳は bram zeḥi khyeḥu (バラモンの青年) と解している。

(3) シャーキャムニ――原語 Śākya-muni 「シャーキャ族出身の聖者」(釈迦牟尼《しゃかむに》) という意味である。釈尊に同じ。

【漢訳書き下し文】

「何を以ての故に。如来とは、すなわち、諸法は如なりとの義なればなり」。

【サンスクリット原文和訳】

17・c

「それはなぜかというと、スブーティよ。《如来》というのは、これは真如[1]の異名なのだ」。

[2]「「スブーティよ。如来というのは、これは、生ずるということはないという存在の本質[3]の異名なのだ。スブーティよ。如来というのは、これは、存在の断絶[4]の異名なのだ。スブーティ

よ。如来というのは、これは、究極的に不生であるということ(5)の異名なのだ。それはなぜかというと、スブーティよ。生ずることがないというのが最高の真理だからだ(6)」。」

注

（1）真如――サンスクリット原文は bhūta-tathatā. チベット訳は yaṅ dag pa de bshin ñid である。宇宙の万有に普遍的にゆきわたっている永遠の真理をいう。

（2）〔「スブーティよ……」〕――コンズの校訂本は、この括弧の部分を省いている。中央アジア本・鳩摩羅什訳・コータン語訳・チベット訳には該当部分がない。漢訳も笈多訳・玄奘訳以外はすべて該当部分がない。したがって、この部分は後世の付加であると考えられる。

（3）生ずるということはないという存在の本質――サンスクリット原文は anutpāda-dharmatā である。常住不変な存在の根本的真理という立場から見れば、生起という現象はあり得ない。それが存在の本質（法性）だというのである。

（4）存在の断絶――サンスクリット原文は dharmoccheda である。現象的な存在を超絶している、という意味か。

（5）究極的に不生であるということ――サンスクリット原文は atyanta-anutpanna である。玄奘の訳に「畢竟《ひっきょう》不生」という。江戸時代の禅僧盤珪《ばんけい》が「不生禅」を強調したのは有名である。内容的には注（3）に同じ。なお一五九ページ注（18）参照。

（6）空観の立場から見ると、世俗の信者たちの考えているブッダとはまったく異なったブッダ観が成立する。仏というのは、あらゆることがらの〈真理〉の異名なのである。

【漢訳書き下し文】

「もし、人有りて、如来は阿耨多羅三藐三

【サンスクリット原文和訳】

17・d

「スブーティよ。もしもだれかが、『如来・尊敬されるべき

菩提を得たもうと言わんも、須菩提よ、実には、法として、仏の阿耨多羅三藐三菩提を得るという〔ごとき〕もの有ること無し。須菩提よ。如来の得るところの阿耨多羅三藐三菩提は、この中において、実も無く、虚もなし。この故に、如来は、『一切の法は、皆これ仏法なり』と説けるなり。

須菩提よ。言うところの一切の法は、すなわち、一切の法に非ず。この故に、一切の法と名《なづ》くるなり」。

人・正しく目ざめた人が、この上ない正しいさとりを現にさとられた』と、このように言ったとすると、その人は誤りを言ったことになる。[1] スブーティよ。かれは、真実でないことに執着して、私を謗《そし》っていることになるだろう。[2] それはなぜかというと、スブーティよ。如来がこの上もない正しいさとりを現にさとったということがらは何もないからだ。また、スブーティよ。如来が現にさとり示された法には、真実もなければ虚妄もないのだ。それだから、如来は、『あらゆる法は、目ざめた人の法である』と説くのだ。

それはなぜかというと、スブーティよ。『あらゆる法というものは実は法ではない』と、[3] 如来によって説かれているからだ。それだからこそ《あらゆる法》と言われるのだ[4]」。

注

（1）誤りを言ったことになる——サンスクリット原文は vitathaṃ vadet であって、チベット訳には log par smra ba yin no となっている。

（2）かれは……なるだろう——この一文はチベット訳にはない。

（3）それだからこそ……言われるのだ——サンスクリット原文には tasmād ucyante sarva-dharmā Buddha-dharmā iti とあり、チベット訳も同様であるが、中央アジア本、ギルギット本には Buddha-dharmā という語がないので、省いて訳した。

こうしたほうが、他の類句から見ても適当であると考えられる。

(4) このような見解はその後の大乗仏教を一貫して流れ、日本の本覚法門にまでたどりついた。親鸞によると、すべては因縁によって生じたものであり、実体があるのではなく空であるから、そこには知るということもない。だから〈無知〉であるという。真智と無知とはともに実有のすがたである(『教行信証』証巻)。

【漢訳書き下し文】

「須菩提よ。譬えば、人身《にんしん》の長大なるが如し」。

須菩提は言わく、「世尊よ。如来の、人身長大なりと説きたまえるは、すなわち、大身に非ずとなす。これを大身と名《なづ》く」。

【サンスクリット原文和訳】

17・e

「たとえば、スブーティよ。身が整い、身の大きな人[1]があると言うようなものだ」。

スブーティ長老は言った――「師よ。如来が、《身が整い身の大きな人》と説かれたかの人は、師よ、じつは体のない人であると、如来は説かれました。それだからこそ、《身が整い身が大きい》と言われるのです」。

注

(1) 身の大きな人――「身体が大きい」とは「その人の徳が偉大である」という意味であるとマイトレーヤ(並びにアサンガ)は解していた([guṇamahā] tmyataś cāpi mahākārayaḥ sa eva hi, v.46, p.76)。

【漢訳書き下し文】

「須菩提よ。菩薩もまたかくの如し。もし

【サンスクリット原文和訳】

17・f

師は言われた――「スブーティよ。そのとおりだ。もしも、

この言を作して『われ、まさに無量の衆生を滅度せしむべし』とせば、すなわち、菩薩と名《なづ》けざるなり。何を以ての故に。須菩提よ。実に、法として、名《なづ》けて菩薩となすもの有ること無ければなり。

　この故に仏は、『一切の法には、我も無く、人も無く、衆生も無く、寿者も無し』と説けるなり」。

ある求道者が『私は生きとし生けるものどもを永遠の平安に導くだろう』と、このように言ったとすれば、その人は求道者であるとは言うことはできない。それはなぜかというと、スブーティよ。一体、かの求道者と名づけられるようなものが何かあるのだろうか」。

　スブーティは答えた——「師よ。そうではありません。かの求道者と名づけられるようなものは何もありません」。

　師は言われた——「スブーティよ。『《生きているもの》《生きているもの》と言うのは、じつは生きているものではない』と如来は言っている。それだからこそ、《生きているもの》と言われるのだ。[1] それだから、如来は、『すべてのものには自我というものはない。[2] すべてのものには、生きているものというものはない。個体というものはない。個人というものはない[3]』と言われるのだ」。

注

（1）《生きているもの》と言われるのだ。——中央アジア本、ギルギット本、チベット訳になし。

（2）自我というものはない——サンスクリット原文は nirātman.「無我」にあたる。

（3）すべてのものには、生きているものというものはない……個人というものはない——サンスクリット原文は sarva-dharmā niḥsattvāḥ nirjīvā niṣpudgalāḥ である。マックス・ミュラー校訂本には sarva-dharmā nirjīvā niṣpoṣā niṣpudgalāḥ（すべてのものには、個体というものはない、人格的存在というものはない、個人というものはない）とある。

【漢訳書き下し文】

「須菩提よ。もし菩薩にして、この言を作して、『われ、まさに仏土《ぶつど》を荘厳《しょうごん》すべし』とせば、これを菩薩と名《なづ》けず。何を以ての故に。如来は、『仏土を荘厳すというは、すなわち、荘厳に非ず』と説けばなり。これを荘厳と名《なづ》くるなり」。

【サンスクリット原文和訳】

17・g

「スブーティよ。もしも、ある求道者が、『私は国土の建設をなしとげるだろう』と、このように言ったとすれば、この人もまた同様に〔求道者ではないと〕言わなければならない。[1] それはなぜかというと、スブーティよ。如来は、『《国土の建設》《国土の建設》、というのは、建設でないことだ[2]』と説いているからだ。それだからこそ、《国土の建設》と言われるのだ」。

注

（1）この人もまた……言わなければならない――サンスクリット原文は so 'pi tathaiva vaktavyaḥ である。ギルギット本・日本本・中央アジア本・チベット訳はすべて vitatham evaṃ kartavyaḥ（真実でないと、このように考えられるべきである）とし、マックス・ミュラー校訂本は sa vitathaṃ vadet（かれは真実でないことを語ることになる）とする。コータン語訳本は saḥ na bodhisattvaḥ vaktavyaḥ（かれは求道者とは言われない）と解読される。

（2）建設でないことだ――チベット訳には「建設がないことだ」（bkod pa med pa）とある。

【漢訳書き下し文】

「須菩提よ。もし菩薩にして、無我の法に

【サンスクリット原文和訳】

17・h

通達《つうだつ》せる者あるときは、如来は説いて真にこれ菩薩と名《なづ》けたり」。

「スブーティよ。もしも、求道者が、〈ものには自我がない。ものには自我がない〉と信じて理解するとすれば、如来・尊敬されるべき人・正しく目ざめた人は、その人を求道者、すぐれた者(1)であると説くのだ」。

注

(1) すぐれた者——サンスクリット語は mahāsattva であるが、ギルギット本、チベット訳には bodhisattva とある。

【漢訳書き下し文】

「須菩提よ。意においていかに。如来に肉《にく》眼《げん》有りや、いなや」。

「かくの如し。世尊よ。如来に肉眼有り」。

「須菩提よ。意においていかに。如来に天《てん》眼《げん》有りや、いなや」。

「かくの如し。世尊よ。如来に天眼有り」。

「須菩提よ。意においていかに。如来に慧《え》眼《げん》有りや、いなや」。

【サンスクリット原文和訳】

18・a

師は問われた——「スブーティよ。どう思うか。如来には肉眼があるだろうか」。

スブーティは答えた——「師よ。そのとおりです。如来には肉眼があります」。

師は問われた——「スブーティよ。どう思うか。如来には天眼(1)があるだろうか」。

スブーティは答えた——「師よ。そのとおりです。如来には天眼があります」。

師は問われた——「スブーティよ。どう思うか。如来には智慧の眼があるだろうか」。

「かくの如し。世尊よ。如来に慧眼有り」。

「須菩提よ。意においていかに。如来に法《ほう》眼《げん》有りや、いなや」。

「かくの如し。世尊よ。如来に法眼有り」。

「須菩提よ。意においていかに。如来に仏眼有りや、いなや」。

「かくの如し。世尊よ。如来に仏眼有り」。

スブーティは答えた――「師よ。そのとおりです。如来には智慧の眼があります」。
師は問われた――「スブーティよ。どう思うか。如来には法の眼があるだろうか」。
スブーティは答えた――「師よ。そのとおりです。如来には法の眼があります」。
師は問われた――「スブーティよ。どう思うか。如来には目ざめた人の眼（仏眼）があるだろうか」。
スブーティは答えた――「師よ。そのとおりです。如来には目ざめた人の眼があります」。

注
(1) 天眼――サンスクリット原文は divyaṃ cakṣuḥ であるが、チベット訳は「神の眼」(lhaḥi spyan) と訳している。

【漢訳書き下し文】


「須菩提よ。意においていかに。恒河《ごうが》の中のあらゆる沙、仏はこの沙を説けるやいなや」。

「かくの如し。世尊よ。如来はこの沙を説

【サンスクリット原文和訳】

18・b

師は問われた――「スブーティよ。どう思うか。ガンジスの大河にあるかぎりの砂、その砂を如来は説いたであろうか」。
スブーティは答えた――「師よ。そのとおりです。幸ある人よ。そのとおりです。如来はその砂を説かれました」。

きたまえり」。

「須菩提よ。意においていかに。一恒河の中のあらゆる沙の如き、かくの如き〔沙〕に等しき恒河有り。このもろもろの恒河のあらゆる沙の数〔に等しき〕仏の世界あらんに、かくの如きを寧ろ多しとなすやいなや」。

「甚だ多し。世尊よ」。

仏は須菩提に告げたもう、「そこばくの国土の中のあらゆる衆生の若干種の心を、如来は悉く知る。何を以ての故に。如来は、もろもろの心を説きて、皆非心となせばなり。これを名《なづ》けて心となす。ゆえはいかに。須菩提よ。過去心も不可得、現在心

師は問われた――「スブーティよ。どう思うか。ガンジスの大河にあるかぎりの砂の数だけ、ガンジス河があり、そしてそれらの中にある砂の数だけの世界があるとすれば、その世界は多いであろうか」。

スブーティは答えた――「師よ。そのとおりです。幸ある人よ。そのとおりです。それらの世界は多いでありましょう」。

師は言われた――「スブーティよ。これらの世界にあるかぎりの生きものたちの、種々さまざまな心の流れを私は知っているのだ。それはなぜかというと、スブーティよ。『《心の流れ》[1]《心の流れ》というのは、流れではない[2]』と、如来は説かれているからだ。それだからこそ、《心の流れ》と言われるのだ。それは[3]なぜかというと、スブーティよ。過去の心はとらえようがなく、未来の心はとらえようがなく、現在の心はとらえようがないからなのだ」。

も不可得、未来心も不可得なればなり」。

注

（1）心の流れ――サンスクリット原文は citta-dhārā である。真諦訳の「心相続性」、玄奘訳の「心流性」がこれにあたる。過去の経験に基づく意識、および無意識の意識が、現在、未来に尾を曳いて、意識作用や行動を規定すると考えて、そこに心の流れを見たのであろうか。

（2）流れではない――チベット訳には「流れがない」(rgyun med pa) となっている。以下同様の表現においては、チベット訳では常に「……がない」と訳している。

（3）とらえようがなく――原語は nopalabhyate であるが、「認識され得ない」という意味である。チベット訳には dmigs su med となっている。

【漢訳書き下し文】

「須菩提よ。意においていかに。もし人有りて、三千大千世界を満たすに七宝を以てし、用《もつ》て布施せんに、この人は、この因縁を以て福を得ること多きや、いなや」。

「かくの如し。世尊よ。この人は、この因縁を以て福を得ること甚だ多し」。

【サンスクリット原文和訳】

19

「スブーティよ。どう思うか。立派な若者や立派な娘が、このはてしなく広い宇宙を七つの宝で満たして、如来・尊敬されるべき人・正しく目ざめた人々に施したとすると、その立派な若者や立派な娘は、そのことによって、多くの福徳を積んだことになるだろうか」。

スブーティは答えた――「師よ。多いですとも。幸ある人よ。多いですとも」。

「須菩提よ。もし、福徳、実に有らば、如来は、福徳を得ること多しとは説かず。福徳無きを以ての故に、如来は、福徳を得ること多しと説けり」。

師は言われた――「そのとおりだ、スブーティよ。そのとおりだ。立派な若者や立派な娘は、そのことによって、多くの功徳を積むことになるのだ。それはなぜかというと、スブーティよ。『《功徳を積む》《功徳を積む》ということは、積まないということだ』と如来が説いているからだ。それだからこそ、《功徳を積む》と言われるのだ[1]。スブーティよ。もしも、功徳を積むということがあるとすれば、如来は、〈功徳を積む〉〈功徳を積む〉とは説かなかったであろう」。

注

（1）それは……言われるのだ――中央アジア本、ギルギット本、チベット訳になし。

【漢訳書き下し文】

「須菩提よ。意においていかに。仏は、色《しき》身《しん》を具足せることを以て見るべきや、いなや」。

「いなり。世尊よ。如来は、まさに色身を具足せることを以て見るべからず。何を

【サンスクリット原文和訳】

20・a

「スブーティよ。どう思うか。如来を、端麗な身体を完成しているものとして見るべきであろうか」。

スブーティは答えた――「師よ。そうではありません。如来を、端麗な身体を完成しているものとして見るべきではありません。それはなぜかというと、師よ。『《端麗な身体を完成している》《端麗な身体を完成している》というのは、じつはそな

以ての故に。如来は、『色身を具足すというは、すなわち、色身を具足するに非ず』と説かれたればなり。これを、色身を具足すと名《なづ》くるなり」。

「須菩提よ。意においていかに。如来は、諸相を具足せることを以て見るべきや、いなや」。

「いなり。世尊よ。如来は、まさに諸相を具足せることを以て見るべからず。何を以ての故に。如来は、『諸相を具足すというは、すなわち、具足するに非ず』と説かれたればなり。これを諸相を具足すと名《なづ》くるなり」。

「須菩提よ。汝は、如来はこの念《おも》いを作《な》し

えていないということなのだ』と、如来が説かれているからです。それだからこそ、《端麗な身体を完成している》と言われるのです」。

20・b

師は問われた――「スブーティよ。どう思うか。如来は特徴をそなえたものと見るべきであろうか」。

スブーティは答えた――「師よ。そうではありません。如来は特徴をそなえたものであると見なしてはならないのです。それはなぜかというと、師よ。『特徴をそなえていると如来の説かれたことは、じつは特徴をそなえていないことだ』と如来が仰せられたからです。それだからこそ、《特徴をそなえている》と言われるのです」。

21・a

て、『われはまさに説くところの法有るべし』とす、と謂《おも》うことなかれ。この念いを作すことなかれ。何を以ての故に。もし、人、『如来には説くところの法有り』と言わば、すなわち、仏を謗《そし》ることとなればなり。わが説くところを解《げ》すること能わざる故なり。須菩提よ。法を説くというも、法として説くべきもの無ければなり。これを法を説くと名《なづ》くるなり」。

その時、慧命《えみょう》(1)須菩提は、仏に白して言わく、「世尊よ。頗る衆生有りて、未来世においてこの法を説くを聞きて信心を生ずるや、いなや」。

仏は言いたもう、「須菩提よ。かれは、

師は問われた――「スブーティよ。どう思うか。〈私が法を教え示した〉というような考えが如来におこるだろうか」。スブーティは答えた――「師よ。そうではありません。〈私が法を教え示した〉というような考えが如来におこることはありません」。

師は言われた――「スブーティよ。『如来は法を教え示した』と、このように説く者があるとすれば、かれは誤りを説くことになるのだ。スブーティよ。かれは、真実でないものに執着して、私を謗るものだ。それはなぜかというと、スブーティよ。《法の教示》《法の教示》というけれども、法の教示として認められるようなことがらは何も存在しないからだ」。

21・b

このように言われたときに、スブーティ長老は師に向かって次のように問うた――「師よ。これから先、後の世になって第二の五百年代に(2)正しい教えが亡びる頃に、このような法を聞いて信ずるような人々が果たしているでありましょうか」。

師は答えられた――「スブーティよ。かれらは生きているも

衆生にも非ず、衆生ならざるものにも非ず。何を以ての故に。須菩提よ。衆生、衆生とは、如来〔これを〕衆生に非ずと説きたればなり。これを衆生と名《なづ》くるなり」。

のでもなければ、生きているものでないものでもない。それはなぜかというと、スブーティよ。『《生きているもの》《生きているもの》というものは、すべて、生きているものでないということだ』と如来が説かれているからだ。それだからこそ、《生きているもの》と言われるのだ」。

注

（1）慧命——サンスクリット語は āyuṣmat.「長寿の」という形容詞であるが、呼びかけの敬語として用いられる。漢訳では「具寿」「長老」「大徳」「尊者」とも訳す。なお、ここの部分の漢訳全体、すなわち「爾時慧命須菩提」から「是名衆生」までの一節は、鳩摩羅什訳にはなかった。現流本に存するのは霊幽法師が長慶二年（八二二）に菩提流支訳を取って加えたものである、と注釈者はいう。本文の中で長老の代わりに慧命という語が使ってあるが、これは菩提流支の訳語である（宇井伯寿博士の説）。またこの一節は敦煌本『金剛経』の諸写本の大部分（スタイン本でほぼ九割強）にも存在しない（入矢義高教授の教示による）。

（2）後の世になって……亡びる頃に——ギルギット本、チベット訳になし。

【漢訳書き下し文】

須菩提は仏に白して言わく、「世尊よ。仏の、阿耨多羅三藐三菩提を得たもうは、得るところ無しとせんや」。

【サンスクリット原文和訳】

22

「スブーティよ。どう思うか。如来が、この上ない正しいさとりをさとったというようなことが何かあるだろうか」。

スブーティ長老は答えた——「師よ。そういうことはありま

「かくの如し、かくの如し。須菩提よ。われ、阿耨多羅三藐三菩提において、乃至、少しの法も、得べきもの有ること無し。これを阿耨多羅三藐三菩提と名《なづ》くるなり」。

注

（1）それだからこそ……と言われるのだ――この一文チベット訳になし。

【漢訳書き下し文】

「また次に、須菩提よ。この法は平等にして高下有ること無し。これを阿耨多羅三藐三菩提と名《なづ》くるなり。我も無く、人も無く、衆生も無く、寿者も無きを以て、一切の善法を修むれば、すなわち、阿耨多羅三藐三菩提を得るなり。須菩提よ。言うところの善法とは、如来、〔これを〕善法に非

せん。如来が、この上ない正しいさとりをさとられたというようなことは何もありません」。

師は言われた――「そのとおりだ。スブーティよ。そのとおりだ。微塵ほどのことがらもそこには存在しないし、認められはしないのだ。それだからこそ、《この上ない正しいさとり》と言われるのだ[1]」。

【サンスクリット原文和訳】

23

「さらに、また、スブーティよ。じつに、その法は平等であって、そこにおいてはいかなる差別もない。それだからこそ、《この上ない正しいさとり》と言われるのだ。この、この上ない正しいさとりは、自我がないということにより、生きているものがないということにより、個体がないということにより、個人がないということによって、平等であり、あらゆる善の法によって現にさとられるのだ。それはなぜかというと、スブーティよ。『《善の法》《善の法》というのは法ではない』と如来

ずと説きたればなり。これを善法と名《な》づくるなり」。

「須菩提よ。もし、三千大千世界の中の、あらゆる、もろもろの須弥《しゅみ》山《せん》王の、かくの如きに等しき〔数の〕七宝の聚《あつ》まりを、人有りて、持《もつ》用て布施したりとせん。〔一方、また〕もし、人、この般若波羅蜜経の、乃至四句の偈等を以て、受持し、読誦し、他人のために説きたりとせん。前における福徳は、〔後の福徳の〕百分の一にも及ばず、百千万億分、乃至、算数譬喩の及ぶ能わざるところなり」。

「須菩提よ。意においていかに。汝等は、如来はこの念いを作して、『われまさに衆

は説いているからだ。それだからこそ、《善の法》と言われるのだ」。

24

「さらにまた、スブーティよ。じつに、ひとりの女あるいはひとりの男が、このはてしなく広い宇宙にあるかぎりの、山々の王スメールの数だけの七つの宝を集めて持っていて、それを如来・尊敬されるべき人・正しく目ざめた人々に施すとしても、また他方で、立派な若者やあるいは立派な娘が、この智慧の完成という法門から四行詩ひとつでももとり出して、他の人々に説いたとすれば、スブーティよ、前の方の功徳の積み方は、こちらの方の功徳の積み方に比べると、その百分の一にも及ばないし、ないし、類似にも堪えることができない」。

25

「スブーティよ。どう思うか。〈私は生きているものどもを救

生を度すべし』とす、と謂《おも》うことなかれ。須菩提よ。この念いを作すことなかれ。何を以ての故に。実に、衆生として、如来の度すべき者有ること無ければなり。もし、衆生として、如来の度せる者有りとせば、如来には、すなわち、我・人・衆生・寿者有らん。須菩提よ。如来は、『我有りというは、すなわち、我有るに非ず』と説けり。しかも、凡夫の人は、我有りと以為《おも》えり。須菩提よ。凡夫というは、如来は、すなわち、〔これを〕凡夫に非ずと説けり」。

った〉というような考えが、如来におこるだろうか。スブーティよ。しかし、このようにみなしてはならないのだ。それはなぜかというと、スブーティよ。如来が救ったというような生きものは何もないからである。また、スブーティよ。如来が救ったというような生きものが何かあるとすれば、如来に、自我にたいする執着が、生きているものにたいする執着が、個体にたいする執着が、個人にたいする執着があることになるだろう。スブーティよ。『自我にたいする執着とは執着がないということだ』と如来は説かれた。しかし、かの愚かな一般の人たち(1)は、それに執着するのだ。スブーティよ。『《愚かな一般の人たち》というのは、愚かな一般の人たちではないにほかならない(2)』と如来は説いた。それだからこそ、《愚かな一般の人たち》と言われるのだ」。

注

(1) 愚かな一般の人たち――サンスクリット原文は bāla-pṛthag-janāḥ である。pṛthag-jana は、通常、「凡夫《ぼんぷ》」と訳される。直訳すれば、「ひとりひとり別々に生まれた者」であるが、複数形で用いると、「愚者」「群衆」の意となる。

(2) 愚かな一般の人たちではないにほかならない――サンスクリット原文には ajanā eva とあり、チベット訳には skye bo

med pa ñid du…… とあるが、他の節の類似した表現の場合と同様に abāla-pṛthag-janā eva と解して訳した。

【漢訳書き下し文】

「須菩提よ。意においていかに。三十二相を以て如来を観《み》るべきやいなや」。

須菩提は言わく、「かくの如し、かくの如し。三十二相を以て如来を観たてまつらん」。

仏は言いたもう、「須菩提よ。もし、三十二相を以て如来を観るというならば、転《てん》輪《りん》聖王《じょうおう》(1)も、すなわち、これ、如来ならん」。

須菩提は仏に白して言う、「世尊よ。われ、仏の説きたもうところの義(2)を解する如くんば、まさに三十二相を以て如来を観た

【サンスクリット原文和訳】

26・a

「スブーティよ。どう思うか。如来は特徴をそなえたものであると見るべきであろうか」。

スブーティは答えた――「師よ。そうではありません。私が師の仰せられたことばの意味を理解しているところによると、如来は特徴をそなえたものであると見てはならないのです」。

師は言われた――「まことに、まことに、スブーティよ。そのとおりだ。スブーティよ。あなたの言うとおり、そのとおりだ。如来は特徴をそなえたものであると見てはならないのだ。それはなぜかというと、スブーティよ。もしも、如来が特徴をそなえたものであると見られるようであるならば、転輪聖王もまた如来であるということになるだろう。それだから、如来は特徴をそなえたものであると見てはならないのだ」。

スブーティ長老は、師に向かって次のように言った――「師よ。私が師の仰せられたことばの意義を究めた(3)ところによると、如来は特徴をそなえたものであると見てはならないので

てまつるべからず」。
その時に世尊は、偈を説いて言いたもう、
もし色を以てわれを見、
音声《おんじょう》を以てわれを求むるときは、
この人は邪道を行ずるもの、
如来を見ること能わざるなり。

す」。
さて、師は、この折に、次のような詩を歌われた。
かたちによって、私を見、
声によって、私を求めるものは、
まちがった努力にふけるもの、
かの人たちは、私を見ないのだ。(4)
〔目ざめた(5)人々は、法によって見られるべきだ。
もろもろの師たちは、法を身とするものだから。
そして法の本質は、知られない。
知ろうとしても、知られない〕。

注

(1) 転輪聖王《てんりんじょうおう》――サンスクリット原文のこの箇所では rājā cakravartī となっているが、しばしば cakravarti-rāja と記されることがある。「輪を転ずる王」の意味である。古代インドで伝説的に待望された帝王。即位のとき、天から輪宝《チャクラ》を感得し、それを転じて全インドを征服統一すると伝えられる。三十二相をそなえている。輪は一種の武器であった。また戦車の車輪の象徴とも言われる。転輪聖王にたいする待望の念は、ヒンドゥー教徒、仏教徒、ジャイナ教徒を通じて共通であった。

(2) 義――趣旨。

(3) 究めた――サンスクリット原文は ājānāmi で、チベット訳には ḥtshal ba とある。

(4) ほぼ同様の詩が、ラクンタカ・バッディヤ (Lakuṇṭaka Bhaddiya) 長老の詩の中にある。
『かたちによって、私を量る者、

声によって、私を求める者、
これらの、欲貪に魅惑された者どもは、
私を知ることがない』。
(ye māṃ rūpeṇa pāmiṃsu
ye ca ghoseṇa anvagū
chanda-rāga-vasupetā
na maṃ janenti te janā —— *Theragāthā*, 469)

（5）目ざめた人々は……——以下の詩句は中央アジア本、鳩摩羅什訳に存しない。おそらく後代になって付加されたものであろう。

【漢訳書き下し文】

「須菩提よ。汝は、もしは、この念いを作さん、『如来は相を具足するを以ての故に、阿耨多羅三藐三菩提を得るにあらず』と。須菩提よ。この念いを作すことなかれ、『如来は相を具足せるを以ての故に阿耨多羅三藐三菩提を得るにあらず』と。須菩提

【サンスクリット原文和訳】

27

「スブーティよ。どう思うか。特徴をそなえていることによって、如来は、この上ない正しいさとりを現にさとったのか。けれども、スブーティよ。あなたはそのように見てはならないのだ。それはなぜかというと、スブーティよ。特徴をそなえていることによって、如来が、この上ない正しいさとりを現にさとったというようなことはないからだ。さらに、また、スブーティよ。じつに、だれかが、『求道者の道に向かう者には、何かの法が滅んだり、断ち切られたりするようになっている』と、

よ。もしは、この念いを作さん、『阿耨多羅三藐三菩提を発せる者には、諸法断滅の相あり、と説かれたり』と。この念いを作すことなかれ。何を以ての故に。阿耨多羅三藐三菩提の心を発せる者には、法において断滅の相あり、と説かざればなり」。

「須菩提よ。もし、菩薩にして、恒河の沙に等しき世界を満たすに七宝を以てして、布施したりとせん。もしまた、人有りて、一切の法は無我なりと知りて、忍を成《じょう》ずることを得たりとせんに、この菩薩は、前の菩薩の得るところの功徳に勝れたり。須菩提よ。もろもろの菩薩は福徳を受けざるを以ての故なり」。

このように言うかもしれない。けれども、スブーティよ。このように見てはならない。それはなぜかというと、求道者の道に向かう者には、いかなるものも滅びたり、断ち切られたりするようになってはいないからだ」。

28

「さらに、また、スブーティよ。じつに、立派な若者や立派な娘が、ガンジス河の砂の数だけの世界を七つの宝で満たして、それを如来・尊敬されるべき人・正しく目ざめた人に施したとしよう。他方では求道者が、〈法は自我というものがなく、生ずることもない〉と認容し得たとすれば[1]、この方が、そのことによって、計り知れず数えきれないほどにさらに多くの功徳を積んだことになるだろう。けれども、また、じつに、スブーティよ。求道者・すぐれた人は、積んだ功徳を自分のものにしてはならないのだ」。

スブーティ長老は訊ねた――「師よ。求道者は、積んだ功徳

須菩提は仏に白して言わく、

「世尊よ。いかなれば菩薩は福徳を受けざるや」。

「須菩提よ。菩薩は、作すところの福徳に、まさに貪著《とんじゃく》すべからず。この故に、福徳を受けずと説けるなり」。

を自分のものにすべきではないのでしょうか」。

師は答えられた――「スブーティよ。自分のものにすべきで[2]あるけれども、固執すべきではない。それだからこそ、《自分のものにすべきである》と言われるのだ」。

注

（1）〈法は自我というものがなく、生ずることもない〉と認容し得たとすれば――サンスクリット原文は nirātmakeṣv anutpattikeṣu dharmeṣu kṣāntiṃ pratilabhate である。漢訳ではしばしば「無生法忍」と訳される。「忍」の原語はクシャーンティ（kṣānti）であるが、この語には「忍耐」の他に「忍可決定」の意味があると古来解釈されている。みとめて、たしかに知ることである。コンズは the patient acquiescence（許容黙認）とし、懸念や感情的抗感を制して認める働きであるといい、エジャートンの『仏教梵語辞典』には receptivity（受容性）とし、「智に導かれる準備的段階」であるが、疑いを蔵している点から智（jñāna）とは区別されるべきものとしているが、なお多くの問題を残している。

（2）自分のものに……――以下はチベット文に従って解した。

【漢訳書き下し文】

「須菩提よ。もし、人有りて、『如来は、

【サンスクリット原文和訳】

29

「さらに、また、スブーティよ。じつに、もしもだれかが、

もしくは来り、もしくは去り、もしくは坐し、もしくは臥す』と言わば、この人は、わが説くところの義を解せざるなり。何を以ての故に。如来は、従来する所も無く、また、去る所も無きが故に、如来と名《なづ》くればなり」。

『如来は去り、あるいは来り、[1]あるいは住し、あるいは坐り、あるいは床に臥す』と、このように説くとすると、その人は、スブーティよ、私が語ったことばの意味を理解していないのだ。それはなぜかというと、スブーティよ。如来と言われるものは、どこへも去らないし、どこからも来ないからである。それだからこそ、《如来であり、尊敬されるべき人であり、正しく目ざめた人である》と言われるのだ」。

注

（1）如来は去り、あるいは来り——サンスクリット原文は tathāgato gacchati vā āgacchati vā である。tathāgata（如来）という語を分解して tathā gatā（如に去れる）と、tathā āgata（如より来れる）に分けて如来を理解しようとするので、『金剛経』の中にもこのように説かれているのである。仏教の注釈家は如とは真如（bhūta-tathatā）であって（二六三ページ注（1）参照）、常恒不変であるから、去るも来るもないのであるという意味に解する。しかしタターガタ（tathāgata）という語にはもともとこのような面倒な意味はなくて、ただ「人格完成者」というだけにすぎなかった（二〇五ページ注（3）参照）。ところが後代の学者がこのような面倒な、またこじつけた解釈をするようになったのである。そうしてタターガタを「如来」と訳するのは、中国人が大乗仏教の説に従って、仏の利他的救済者的性格を重視したためであると考えられる。

【漢訳書き下し文】

「須菩提よ。もし、善男子・善女人有り

30・a

【サンスクリット原文和訳】

「さらに、また、スブーティよ。じつに、立派な若者や立派な

て、三千大千世界を以て、砕いて微塵《みじん》となさんに、意においていかに。この微塵衆《みじんしゅ》は寧ろ多しとするやいなや」。
「甚だ多し。世尊よ。何を以ての故に。もし、この微塵衆、実に有るならば、仏は、すなわち、これを微塵衆とは説きたまわず。ゆえはいかに。仏は、『微塵衆は、すなわち、微塵衆に非ず』と説かれたればなり。これを微塵衆と名《なづ》くるなり」。

娘が、たとえば、このはてしない宇宙にあるかぎりの大地の埃の数だけの世界を、無数の努力によって、原子の集合体のような粉にした場合に、スブーティよ。どう思うか。その原子の集合体は、多いであろうか」。
　スブーティは答えた――「師よ。そのとおりです。幸ある人よ。そのとおりです。その原子の集合体は多いのです。それはなぜかというと、師よ。もしも、原子の集合体が実有[1]であったとすれば、師は、《原子の集合体》と説かれなかったであろうからです。それはなぜかというと、師よ、『如来の説かれたかの原子の集合体は、集合体ではない』と如来が説いておられるからです。それだからこそ、《原子の集合体》と言われるのです」。

注
(1) 実有――マックス・ミュラー本には saced bhagavan bahuḥ paramāṇu-saṃcayo 'bhaviṣyat とあるも、中央アジア本およびギルギット本には bahuḥ paramāṇu の二語が欠けているので、それに従い、他方鳩摩羅什訳はじめ、ほとんどすべての漢訳に「実有」とあるのを採用した。

【漢訳書き下し文】
「世尊よ。如来の説きたもうところの三千

【サンスクリット原文和訳】
30・b

大千世界は、すなわち、世界に非ず。これを世界と名《なづ》くるなり。何を以ての故に。もし、世界、実に有るならば、すなわち、これ、一合相にして、如来は、『一合相は、すなわち、一合相に非ず。』と説かれたればなり。これを一合相と名《なづ》くるなり」。

「須菩提よ。一合相は、すなわち、これ、説くべからず。ただし、凡夫の人は、その事に貪著《とんじゃく》するなり」。

「また、『如来が説かれたはてしない宇宙は宇宙ではない』と如来は説かれています。それだからこそ、《はてしない宇宙》と言われるのです。それはなぜかというと、師よ。もしも、宇宙というものがあるとすれば、《全一体という執着》[1]があることになりましょう。しかも、『如来の説かれた全一体という執着は、じつは執着ではない』と如来が説かれています。それだからこそ、《全一体という執着》と言われるのです」。

師は言われた――「スブーティよ。《全一体という執着》は、ことばで実現できないもの、口で言えないようなものだ。それはものでもないし、ものでないものでもない[2]。それは、愚かな一般の人々が執着するものなのだ」。

注

（1）全一体という執着――サンスクリット原文は **piṇḍa-grāha** である。すべてをひとつの全体とみなして、それが実体であると執着すること。コンズは **a material object** と訳するが適切ではない。鳩摩羅什訳・菩薩流支訳に「一合相」、玄奘訳に「一合執」とするのは適訳である。

この第三十章の内容に関して、アサンガは次のように言っている。**asaṃcayatvāpiṇḍatvam anekatva-nidarśanam** ― **saṃhatasthānatā tasmin nānyatve ca nidarśanam**（もろもろの原子の集合体がないということと、全一体がないということとは、（もろもろの存在が）単一でないことを示している。また、結びついた状態がそこにあるということは、別異性はないということを示している）.

（2）それはものでもないし、ものでないものでもない——サンスクリット原文は na sa dharmo nādharmaḥ であるが、チベット訳では chos de ni brjod du med pa yin na となっている。

【漢訳書き下し文】

「須菩提よ。もし、人、『仏は我見、人見、衆生見、寿者見を説きたもう』と言わば、須菩提よ。意においていかに。この人は、わが説くところの義を解せるやいなや」。

「世尊よ。この人は、如来の説きたもうところの義を解せざるなり。何を以ての故に。世尊は、『我見(1)、人見(2)、衆生見(3)、寿者見(4)は、すなわち、我見、人見、衆生見、寿者見に非ず』と説かれたればなり。これを、我見、人見、衆生見、寿者見と名《なづ》くるなり」。

【サンスクリット原文和訳】

31・a

「それはなぜかというと、スブーティよ。だれかが、『如来は自我についての見解を説いた。生きているものについての見解、個体についての見解、個人についての見解を如来は説いた』と説いたとしよう。スブーティよ。その人は正しく説いたということになるだろうか」。

スブーティは答えた——「師よ。そうではありません。幸ある人よ。そうではありません。その人は正しく説いたことになりません。それはなぜかというと、師よ。『如来の説かれた、かの自我についての見解は、見解ではない』と如来が説かれているからです。それだからこそ、《自我についての見解》と言われるのです」。

注

（1）我見――サンスクリット原文は、ātma-dṛṣṭi. 自我についての見解。

（2）人見――サンスクリット原文は、pudgala-dṛṣṭi. 個人についての見解。

（3）衆生見――サンスクリット原文は、sattva-dṛṣṭi. 生きているものについての見解。

（4）寿者見――サンスクリット原文は、jīva-dṛṣṭi. 個体についての見解。

【漢訳書き下し文】

「須菩提よ。阿耨多羅三藐三菩提の心を発《おこ》す者は、一切の法において、まさに、かくの如く知り、かくの如く見、かくの如く信解して、法相《ほっそう》(1)を生ぜざれ。須菩提よ。言うところの法相とは、如来、〔これを〕すなわち、法相に非ずと説けり。これを法相と名《なづ》くるなり」。

【サンスクリット原文和訳】

31・b

師は言われた――「スブーティよ。じつに、そのとおりだ。求道者の道に進んだ者は、すべてのことがらを知らなければならないし、見なければならないし、理解しなければならない。しかも、ことがらという思いさえも止まらないように、知らなければならないし、見なければならないし、理解しなければならないのだ。それはなぜかというと、スブーティよ。『ことがらという思い、ことがらという思いというのは、じつは思いではない』と如来が説かれたからだ。それだからこそ、《ことがらという思い》と言われるのだ」。

注

（1）法相――サンスクリット原文は dharma-saṃjñā. 実体としての「もの」という思い。

【漢訳書き下し文】

「須菩提よ。もし、人有りて、無量阿僧祇世界を満(1)たすに七宝を以てし、もって布施したりとせん。もし、善男子・善女人にして菩薩〔提〕心を発せる者、この経において、乃至四句の偈等を持して、受持し、読誦し、人のために演説したりとせんに、その福は彼に勝れたり。

いかにして人のために演説するや。相を取らざれば、如如《にょにょ》(2)にして不動なり。何を以ての故に。

一切の有為法(3)は、夢・幻・泡・影の如く
露の如く、また、電の如し。
まさにかくの如き観を作《な》すべし」。

【サンスクリット原文和訳】

32・a

「さらに、また、スブーティよ。じつに、求道者・すぐれた人が、計り知れず、数えきれないほどの世界を、七つの宝で満たして、もろもろの如来・尊敬されるべき人・正しく目ざめた人に施したとしよう。また他方では、立派な若者や立派な娘が、この智慧の完成という法門から四行詩ひとつでも、とり上げて、記憶し、誦《とな》え、理解し、他の人々に詳しく説いて聞かせたとすれば、この方が、そのことによって、計り知れず、数えきれないほどの、さらに多くの功徳を積むことになるのだ。

それでは、どのように説いて聞かせるのであろうか。説いて聞かせないようにすればよいのだ。それだからこそ、〈説いて聞かせる〉と言われるのだ。

現(11)象界というものは、
星や、眼の翳《かげ》、灯し火や、
幻や、露や、水泡《うたかた》や、
夢や、電光や、雲のよう、
そのようなものと、見るがよい」。

師はこのように説かれた。スブーティ上座は歓喜し、そし

仏は、この経を説き已りたまえり。長老須菩提、および、もろもろの比丘・比丘尼・優婆塞《うばそく》(4)・優婆夷《うばい》(5)、一切の世間の天(6)・人・阿修羅(7)は、仏の説きたもうところを聞きて、皆、大いに歓喜し、金剛般若波羅蜜経を信受し、奉行せり。(8)

真言(9)

(10)那謨《なも》　婆伽跋帝《ばぎゃばてい》　鉢喇壌波羅弭多曳《はらじゃはらみたえい》　唵伊《おんい》
利底《りて》　伊室利《いしり》　輸盧駄《しゅろた》　毘舎耶《びしゃや》　毘舎耶《びしゃや》
莎婆訶《そわか》

て、これらの修行僧や尼僧たち、在家の信者や信女たち、また、〔これらの求道者たちや、(12)〕神々や人間やアスラやガンダルヴァたちをふくむ世界のものどもは、師の説かれたことを讃えた(13)という。

切断するものとしての金剛石、聖なる、尊むべき、智慧の完成、終わる。

注

(1) 無量阿僧祇世界を——サンスクリット原文は aprameyān asaṃkhyeyāṃl lokadhātūn. 計り知れず、数えきれないほどの世界。阿僧祇はアサンクヤ (asaṃkhya) またはアサンクイェーヤ (asaṃkhyeya) の音写。無数の意。前に出てきた三千大千世界と趣旨の上では同一内容。

(2) 如如——真実ありのまま。

(3) 有為法——もろもろの因縁によって生成消滅する万象。現象世界。無為はそれをこえた現象のことである。

（4）優婆塞——サンスクリット語のウパーサカ（upāsaka）の音写。近侍する男、の意であるが、一般には「在俗の男性信者」の呼称。

（5）優婆夷——サンスクリット語のウパーシカー（upāsikā）の音写。近侍する女。一般に「在俗の女性信者」の呼称。

（6）天——サンスクリット語は deva. ここではとくに天上界に住むと信じられている仏教の守護神。たとえば、帝釈天、毘沙門天など。

（7）阿修羅——サンスクリット語のアスラ（asura）の音写。ゾロアスター教のアフラ（ahura）と同語源の神であるが、仏教では鬼神悪魔の類で、帝釈天としばしば争う。

（8）信受し、奉行せり——サンスクリット原文には、これに相当する語はない。信奉して行う、の意。仏典の末尾によく用いられる表現である。たとえば『仁王経』にも「一切の大衆は、仏の説きたもうところを聞きて、皆大いに歓喜し、信受奉行せり」とある。

（9）真言——この語はサンスクリット原文には欠けている。大乗仏典一般としては mantra（咒文）が対応する。伝統的に、真言は翻訳しないで、そのまま読誦される。

（10）那謨……——以下の真言は、サンスクリット原文には欠けている。この真言を付するのは諸漢訳のうちでも鳩摩羅什訳のみである。チベット文には次のようになっている。

Namo Bhagavate | Prajñāpāramitāye | Oṃ na tad ti ta | i li śi | i li śi | mi li śi | mi li śi | bhi na yan | bhi na yan | na-mo Bhagavate | prad tyaṃ pra ti | i ri ti | i ri ti | mi ri ti | mi ri ti | śu ri ti | śu ri ti | u śu ri | u śu ri | bhu yu ye | bhu yu ye | svāhā |. これは鳩摩羅什の訳における真言よりもさらに詳しくなっている。

チベット訳本を参照して復元すると、ほぼ次のごとくであったと思われる。——

namo bhagavatyai prajñāpāramitāyai om i li ti | i ri śi | śu ri ti | vijaya | vijaya | svāhā ‖

(11) 現象界と……――この詩句の中では、九つの喩が述べられているが、鳩摩羅什の訳では六つの喩となっている。いずれも無常観をさとらせるためのものである。

(12) これらの求道者たち――ギルギット本、パージター校訂本、コータン語訳本、日本本と義浄訳を除くすべての漢訳本とは、この句を欠いている。ないのが古い原型である。

(13) 讃えた――サンスクリット原文は abhyanandan であるが、チベット訳には mṅon par bstod do とある。

コンズの校訂本訂正表

	誤	正
p.30, *l*.22	sattvadhātu-pra-°	sattvadhātuḥ pra-°
p.35, *l*.7; *l*.9, p.38, *l*.23	tato nidānaṃ	tato-nidānaṃ
p.45, *ll*.9-12	pūrva-āhṇa etc.	pūrva-ahna etc.
p.45, *l*.21	dharmaparyāyās	dharmaparyāyas
p.48, *l*.7	kuladuhitrīṇāṃ	kuladuhitṛṇāṃ
p.50, *l*.2	sambhodhim	sambodhim
p.60, *l*.1	bodhisattvayanā	bodhisattvayāna
p.63, *l*.9	prajñāpāramitāya	prajñāpāramitāyā

あとがき

●本シリーズ刊行の経緯

人間として生を受け、覚りにおいて人間をこえた覚者《ブッダ》によって説かれた教えに、生きる糧を求めようとする人は多い。

しかし、仏教の教えはあまりに深くかつ広い。諸経典を集成した『大蔵経』におさめられている経典の数だけでも三千を超える膨大なものである。『聖書』や『コーラン』など、キリスト教やイスラーム教の根本聖典と比べてみるならば、その多さは一目瞭然であろう。

そこで「仏教の経典をすべてにわたり片端から通読することは容易ではないから、重要な教えだけでも知りたい」という希望にこたえるために、中村先生が編まれたのが、昭和六十二年から翌年にわたり（一九八七年九月〜一九八八年四月）東京書籍から刊行されたシリーズ『こころを読む』全七巻である。実は今回、「現代語訳大乗仏典」と題して出版されることとなった本シリーズは、これに全面的な改訂と増補をほどこした、今となっては最終の、したがって先生の大乗仏典に関する言わば決定版にあたる。

前シリーズでは、大乗仏典の他に、『釈尊の生涯』と『人生の指針』という「原始仏教聖典」を扱った二巻が含まれていた。しかし、先生が今回のシリーズのために最初に渡してくださった原稿にはそれらは含まれておらず、後述するように、この方面に関する先生のご著書は多く存する。そこでこのたびは、この二巻を除き、新たに『八千頌般若経』『菩提行経』など大乗仏教の主要な経典・論書を加え刊行されることとなった。

ご家族と専門医の手厚い看護による約二か月にわたるご自宅での療養もついに実らず、先生が、今生の最期を迎えられた時点で、その出版を見届けることができなかったご著書は、『論理の構造』、『広説佛教語大辞典』、*A History of Vedānta Philosophy: Part two* と本シリーズである。このうち前三著は、その後、順を追って世に出されることとなった。したがって唯一残されていたのが本シリーズである。おそらく本シリーズが、先生が親しく筆をとられ出版を願われた最後の物となるであろう。

本シリーズの原稿は、『広説佛教語大辞典』編纂のさなか、先生がみずから東京書籍まで足を運ばれ、編集長の井上浩一郎氏に手渡されたものが基になっている。基というのは、先生が亡くなられた後、この他に、先生が自宅の書斎で研究・執筆に使われていた机のすぐ脇に置かれてあった（最後まで加筆訂正を加えられていた様子が偲ばれる）原稿も追加され、また、ごく一部ではあるが、先生が東方学院でなされた講義の録音テープから起こした原稿も含まれているからである。原稿の準備段階のことについて、一言添えておくならば、今となってはかなわないことではあるが、先生は、このシリーズ刊行にあたり更なる準備を考えられており、たとえば『法華経』に関しても、ある折、既存の翻訳に関しての批《クリテ》評《イック》の言葉とともに、全訳は時間がないにせよ主要な章については新たに翻訳したいという意向を漏らされたことがある。

●大乗仏教全般の原典翻訳・語義説明

中村先生の生涯にわたる研究は、実に広範にわたっており（最新の全著作論文目録が収載されている『東方』第十五号〈中村元博士追悼号〉によると、先生の著作論文の数は実に一千五百に上る）、大乗仏教に関しても多くの論述がなされている。しかし、『初期ヴェーダーンタ哲学史』に代表されるインド哲学や、パーリ語原典からの翻訳を初め多くのまとまった著作が公にされている「原始仏教」に関する研究に比して、大乗仏教については、体系的なまとまりのある出版は思いのほかなされていない。（その理由の一端は、あるいは「学者は若いうちにはその源流であるインド思想を研究して視野を広くすると、仏教を客観的に見ることができる。日本人の学究であるならば、かならず後には伝統的な仏教を手がけるようになるから、若いうちにインド思想の勉強をするがよい」との恩師宇井伯寿先生の指導を忠実に実行されたことにあるのかもしれない。）

たとえば昭和五十二年（一九七七年）五月に刊行を終えた中村元選集（全二十三巻）には、原始仏教関係は『原始仏教の成立』、『原始仏教の生活倫理』、『原始仏教の思想』上・下とまとまった著作が複数あるのに対して、大乗仏教に関するものは皆無である。さすがに先生が亡くなられた年に完結した中村元選集［決定版］（全三十二巻・別巻八巻）においては、大乗仏教関係の書が四冊含まれ、『大乗仏教の思想』（残りの三冊は『原始仏教から大乗仏教へ』『空の論理』『仏教美術に生きる理想』）が編入されてはいる。しかしそれとても、浄土教、『華厳経』、唯識についてはは比較的詳論を目にすることはできるものの、主として大乗仏教の経論に展開されている教説を、政治経済や王権との関係、在家仏教運動、慈悲や奉仕の精神、悪の問題など、大乗仏教全体に通じる問題ごとに解明することを主とされており、大乗の主要な仏典を翻訳するといったものとはおよそ性質を異にするものとなっている。

確かに、『般若心経』や『金剛般若経』、あるいは「浄土三部経」については岩波文庫本としてサンスクリット語からの翻訳などが上梓され、中観派および瑜伽行派の根本典籍である『中論』や『唯識三十頌』についてはサンスクリット原典からの翻訳、『維摩経』については漢訳からの現代語訳が、別の出版社による刊行物の一部を構成するものとしてすでに公にされてはいる。しかし、これらは共著であったり、あるいは訓読ないし翻訳が中心であって、大乗仏教全般にわたる原典翻訳に加え、語義説明を付し、更に解説をほどこすという性質のものとなってはいない。

この点で、本シリーズは先生の膨大な出版物の中でも希有な位置を占めている。加えてすでに刊行されているものと重複する部分についても、本シリーズのための原稿には、先生が亡くなる直前まで加えられた訂正が記されており、その多くが既存の刊行物には反映されていないため、この点でも、価値あるものとなっている。

●各巻の構成

それぞれの巻は、本文と「探究」ないし「付録」より成る。

原則として本文は、①サンスクリット原文の和訳ないしは漢訳文の訓読（漢訳書き下し文）、②語義の解明、③講義調の解説、という三つの部分より構成されている。

①については、『般若心経』のように短い経典の場合は別として、基本的には部分訳である。今となっては全訳を望めないことが惜しまれるが、反面、それによって先生がそれぞれの経典において、何を

「重要な教え」と考えられていたかが知られるという点で、かえって意義深いものとなっている。

サンスクリット原文からの和訳は、注として付されている語義解明において明らかなように、『広説佛教語大辞典』の形で結実する先生の長年にわたる研究成果が盛り込まれた先生固有の平易なものとなっている。

漢文からの訓読については、このシリーズで取り上げられているような主要大乗仏典は、すでに複数の訓読がこれまでになされてきている。しかし、本文をみればわかるように、先生は伝統的な訓読を踏まえられつつも、それを単に踏襲されてはいない。はしがきに「フランスの中国学者の漢文読解法を適宜参照して生かした」と書かれているとおり、ジュリアンの研究(Stanislas Julien: *Syntaxe nouvelle de la langue chinoise*, tome I, Paris, 1969)を参考にし、従来の訓読とは異なった読みを随所に採用されている。また場合によっては、サンスクリット原典を踏まえ、漢文の通常の読みにしたがわず、よりわかりやすい訓読をあえてされているところもあり、従来の読みにとらわれない訓読がなされている。

したがって従来の読みになれ親しんでいる人は、場合によっては破格の印象を受けるかもしれないが、よりわかりやすい訓読を心がけておられた中村先生が、訓読をどのように考えられていたかを知る良い資料ともなっている。

②については、一般書としては異例であろうが、それは「はしがき」に、先生みずから「一般向けの出版物にこまかな語義検討をつけるのは不必要のように思われるかもしれないが、わかりやすく説くためには、これだけの準備が必要である」と言われる必要性からである。そのなかにはきわめて専門的なものも含まれているが、「わかりやすく説くのが学術的」であると考えておられた先生の解説を読まれる

ことによって、読者は多くの便宜を得られるにちがいない。

③については、経典や論書のいちいちについて、先生の手になる解説がなされているものが少ないだけに貴重なものであり、これもインド史やインド思想史を初めとする長年にわたる先生の蘊奥が盛り込まれた解説となっている。

「探究」「付録」は、各巻ごとに、それぞれの大乗仏典に応じたものが付されている。

「探究」は、より詳しく知りたい読者のために、主として仏典の現代語全訳（サンスクリット原文和訳および漢訳書き下し文）に詳細な注を付して掲げたものである。

また、「付録」は比較思想・世界思想史の立場から仏典を見た特論や、書誌的情報などから成る。

●本巻『般若経典』について

般若経典を含む本巻には、『般若心経』『金剛般若経』『八千頌般若経』の三経典が収められている。

『般若心経』と『金剛般若経』は、前のシリーズにすでに含まれているものであるが、共に改訂増補がなされている。

『八千頌般若経』は今回のシリーズで新たに加えられたもので、先生のご遺稿をもとに、サンスクリット原文和訳は荻原本（*Abhisamayālaṃkārālokā Prajñāpāramitāvyākhyā*, ed. by U. Wogihara, Tokyo, 1932–35）のページ順に編集したことをお断りしておきたい。

また「探究」の主要部分については、すでに岩波書店から公にされたことのあるものであるが、これも大幅な改訂増補がなされている。ここに収載されている『般若心経』の解題については、本文にも記してある通り、編集段階で書誌的情報を主として、最低限必要な手を加えてある。

なお、本巻に収められている大乗仏教の興起に関連する先生の代表的論説としては、「大乗経典の成立年代」（宮本正尊編『大乗仏教の成立史的研究』三省堂、一九五四年）、また大乗仏教成立の社会背景をクシャーナ王朝およびそれ以後の時代の政治・経済思想の検討によって明らかにされた「大乗仏教成立の社会的背景」（宮本・前掲書）がある。先生が最終的に整理されたヴァージョンは、中村元選集［決定版］で見ることができるはずである。

●おわりに

中村元先生の生涯にわたる研究の蘊奥が詰め込まれた、文字通り畢生の大著『広説佛教語大辞典』全四巻がいよいよ刊行の運びとなったころ、「あとがき」を求められ、致し方なく一文を認めた際、冒頭に次のようなことを記した。

「先生は、本辞典の刊行をみることなく平成十一年十月十日、ご自宅で、ご家族に見守られるなか安らかな最期を迎えられた。本来、この「あとがき」は、先生が『佛教語大辞典』を発刊されて以後どのような構想のもとに改訂を進められてきたかをはじめ、長年の研究を踏まえられた上で、先生のライフワークともいうべき本辞典のあとがきにふさわしいものが親しく認められるはずであったが、それが叶わなくなってしまったことは、本当に残念である。もとより、あとがきの執筆など、その任に堪え得る者でないことは言うまでもないが、「はしがき」にいう「さらに良いものとすることは、次代の諸君にゆだねたい」との先生のご遺志に沿うためにも、知りうる範囲で今回の改訂作業の経過とその内容を明らかにしておくことは、先生のご指示で改訂の最終的な責任を負った者の責務と考え、ここに記しておく。」

これは、このたび「現代語訳大乗仏典」シリーズを刊行するにあたり、やむを得ず「あとがき」を書かざるを得なくなった今も変わらぬ思いである。

先にも触れたように、先生は、常によりよきものとするための苦労を惜しまれなかった。おそらく今回のシリーズについても、原稿整理をした段階でお見せすれば、先生はそれに手を入れられ、新たな追加原稿とともに戻されたにちがいない。そして原稿が整ったあと、先生の手になる、しかるべき「あとがき」が付されていたはずである。

「はしがき」も同様にである。読者の中には、三回忌もすぎた今、先生のお名前で「はしがき」が書かれていることを訝られるむきもあるかもしれない。この点、前回のシリーズ刊行の際に先生が親しくお書きになられたものに最低限の手を入れ、今回のシリーズに即した形にしたことをお断りしておきたい。

最後に、本シリーズ刊行に当たって、『広説佛教語大辞典』の時と同様、東京書籍の井上浩一郎氏にたいへんお世話になったことはもとより、その編集作業を助け的確に作業を進めてくださった藤野吉彦氏、また丹念に校正をしてくださった山本倭子氏にも非常にお世話になったことを報告し、あとがきに代えさせていただきたい。


（堀内伸二　(財)東方研究会主事）

平成十四年十二月二十日

中村　元（なかむら　はじめ）
1912年、島根県松江市に生まれる。東京帝国大学印度哲学梵文学科卒業。東京大学名誉教授、東方学院院長、比較思想学会名誉会長、学士院会員などを歴任。文化勲章受章。1999年逝去。
主著書：『インド思想史』『初期ヴェーダーンタ哲学史』［以上、岩波書店］、『東洋人の思惟方法』『原始仏教』『世界思想史』［以上、春秋社］、『広説佛教語大辞典』『仏教語源散策 正・続・新』『比較思想事典』『比較思想の軌跡』［以上、東京書籍］

般若経典

現代語訳　大乗仏典1

中村　元

二〇〇三年二月二七日　第一刷発行
二〇二〇年十一月二十日　第八刷発行

発行者　千石雅仁
発行所　東京書籍株式会社
東京都北区堀船二−一七−一　〒一一四−八五二四
印刷・製本　図書印刷株式会社

出版情報　https://www.tokyo-shoseki.co.jp

ISBN978-4-487-73281-4　NDC183.2

シリーズ「現代語訳　大乗仏典」全7巻

中村　元著

インド学・仏教学・比較思想学の泰斗が、主要な大乗仏典17の精髄を現代語に訳し、わかりやすく解説する。生涯、正確で温厚な講義を心がけた博士の遺稿に基づく、大乗仏教理解のための上質の入門叢書。

○体様　四六判　上製本　各巻224〜336ページ　○定価　各本体2000円(税別)

★各巻のタイトルと構成

現代語訳　大乗仏典1　般若経典（『般若心経』『金剛般若経』『八千頌般若経』）

現代語訳　大乗仏典2　『法華経』

現代語訳　大乗仏典3　『維摩経』『勝鬘経』

現代語訳　大乗仏典4　浄土経典（『阿弥陀経』『大無量寿経』『観無量寿経』）

現代語訳　大乗仏典5　『華厳経』『楞伽経』

現代語訳　大乗仏典6　密教経典・他（『金光明経』『理趣経』『大日経』）

現代語訳　大乗仏典7　論書・他（『中論』『唯識三十頌』『菩提行経』）